もうひとつの南京事件

―日本人遭難者の記録―

田中秀雄 編集・解説

芙蓉書房出版

南京日本領事館掠奪のあと

南京日本領事館を占領せる南軍兵

天龍艦上の南京避難児童

南京避難民の上海埠頭着

掠奪されたる漢口浪花食堂

漢口日本陸戦隊本部（４月４日撮影）

漢口日本租界バンドの防備

漢口の邦人避難者上海着

南京漢口事件真相

揚子江流域邦人遭難実記

序

長江流域上下二千浬《カイリ》に亙り、三千余名の在留邦人が暴徒の迫害から遁れて、財産を捨て地盤を棄てて内地への引揚げを断行したことは、我日本としては空前の史実であり世界的にも稀有の事変である。既往に溯れば僅々十数年の間にも、尼港事件の如き、間島事件の如き、その惨虐はより以上のものがあった。さりながら、個人的にも国家的にも経済関係の錯綜せるはもとより、その由って来るの遠く、その将来の測るべからざるものあるに至っては、恐らく今回の事変の比にあらずと思う。

何をか由来の遠しと言う。南京漢口事件を始め、支那人の邦人並びに欧米人に加えた空前の迫害の、端を共産党一味の策動に発せるは言うまでもないが、かくまでの横暴、かくまでの惨虐の由来する所は一にして足りない。曰くワシントン会議、曰く列国不協調、曰く我国策の不徹底、曰く我国論の不統一、挙げ来ればその一を以てするも、さなきだに慢心の所有者たる支那人を増長せしむるに充分である。いわんや彼らの我邦人に対する嫌悪と軽侮の念は、十数年来の排日によりて遺憾なきまでに蓄養された。その今日あるはむしろ予想されていなければならなかったはずだ。

何をか将来の測りがたきを言う。由来の遠くかつ深刻であるだけそれだけ禍根の深くかつ汎《ひろ》きを思うが故である。殊に国民党によって取入れられた共産派の将来は、恐らくより以上の禍根として支那自体並びに在留外人を脅かすであろう。もしそれ錯綜せる経済関係に至っては吾人の呶々《どど》を待つまでもなく、単なる利害問題としてよりも、個人としても国家としても、むしろ休戚に関するの問題として考慮されなければならぬ。

以上の意味において今回の事変は、天が我国民に与えた一大啓示である。一大試練である。しかも我国策は如何、国論は如何。端なくも久々に故国の土を踏んだ我々避難者一同は、ここにおいてか少なからず失望した。

見よ。対支論策の多くは依然として空言に近く、対支外交の軟弱の域を出づる幾ばくならざるを。吾人の進んで本書を公にする所以の者は、単に児女の涕泣を以て江湖に憐憫を強いんとするものではない。要は事件の真相を詳かにし、由来を闡明《せんめい》し、以て我国策、国論改造の一助たるを期するに外ならない。幸いにして為政者のこれに基づいて按画し、朝野有志のこれによって発奮するあらば、すなわち吾人の志は酬いられたのである。

もしそれ本書の記事に至っては各地被難者の遭難実話を経とし、新聞通信その他を緯として編纂せるものであって、敢て完璧とは言わざるも、恐らくは類書中の冠たるべきを信ずる。

昭和二年八月

中支被難者連合会
在京委員　宮阪九郎

凡例

一、本編は揚子江流域全般に亙る在留邦人の遭難事実を網羅したるものであるが、ただ上海の記事を逸したのは、中部支那においては空前の事件たる在留邦人全部の内地引揚という事柄を中心に置いたためである。
一、本編記事に際してはできるだけ広汎に亙るはずであったが、記実の正確を期するべく原則として遭難者の実話に根拠することにしたために、たとえば蕪湖、沙市、常徳、萬県、成都などの如きは、遺憾ながら詳細を伝えることができなかった。後日機会を得て補足することにする。
一、本編の編纂は全部森長次郎氏において担任し、その資料は左記諸氏の実話を主とし、間々新聞通信記事を参照した。

南　京　須藤理助氏　本持寛敬氏
蘇　州　岡田栄太郎氏　湖島二郎氏　橋本高三郎氏
杭　州　板部多三郎氏
九　江　佐久間栄子氏　杉本有次氏
漢　口　寶妻壽作氏　湯浅九三二氏　阿部善三郎氏　外間政恒氏　市丸照雄氏

一色忠慈郎氏　桜井悌吉氏
長沙　佐々木武蔵氏　今泉貫一氏　小川四郎氏　中村富蔵氏
宜昌　江角国三郎氏　森董氏
重慶　宮阪九郎氏　中野確氏

一、本編挿入の写真は東京日々新聞社撮影に係わり同社楢崎桂園氏の好意により貸与されたものである。

一、本書上梓に就いては東則正、岡田栄太郎諸氏を煩わしたること少なからず。特に記して謝意を表する。

昭和二年八月

もうひとつの南京事件――日本人遭難者の記録●目次

揚子江流

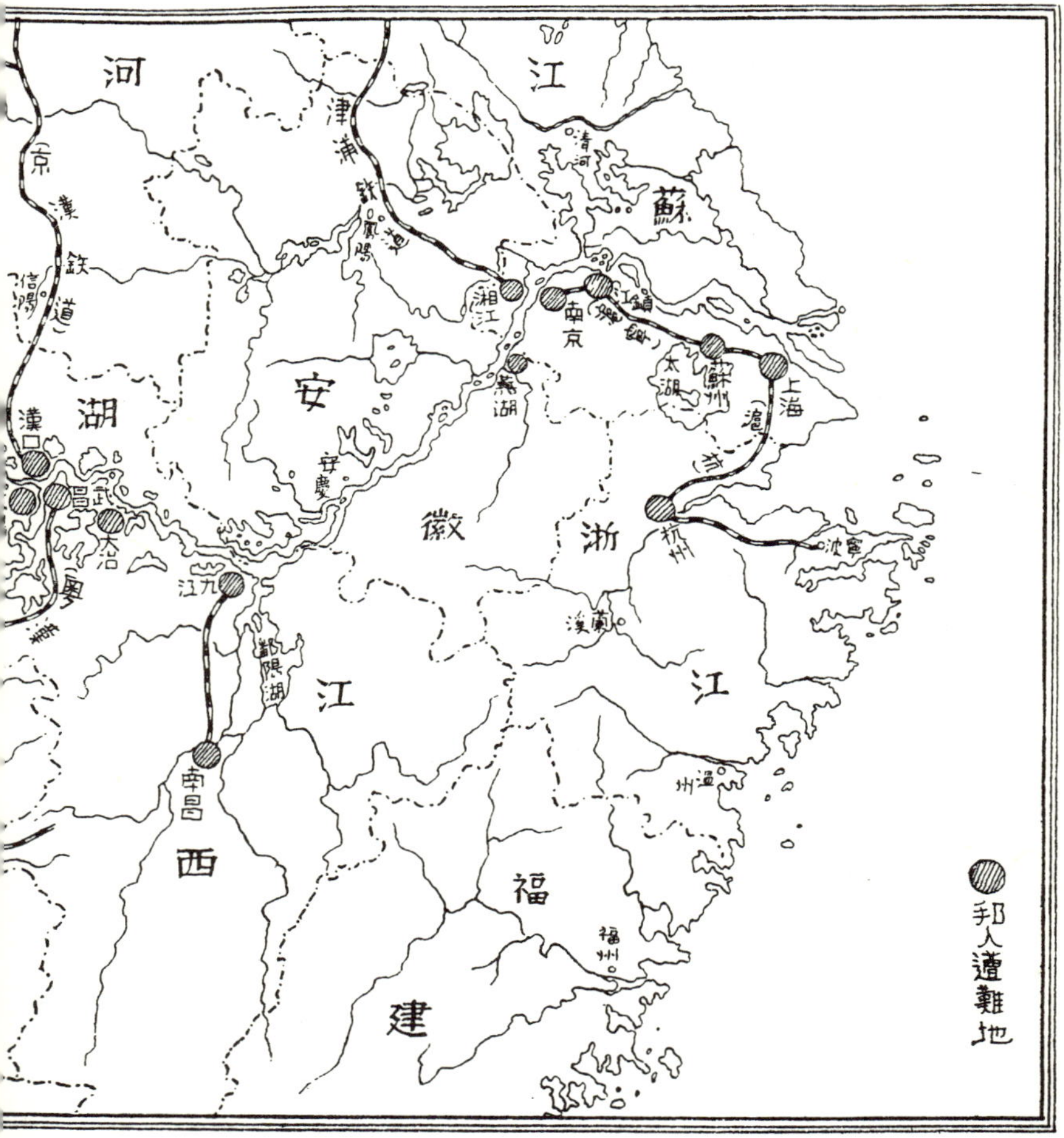

▼南京対岸の「湘江」は「浦口」の誤り（原書正誤表）

域略圖

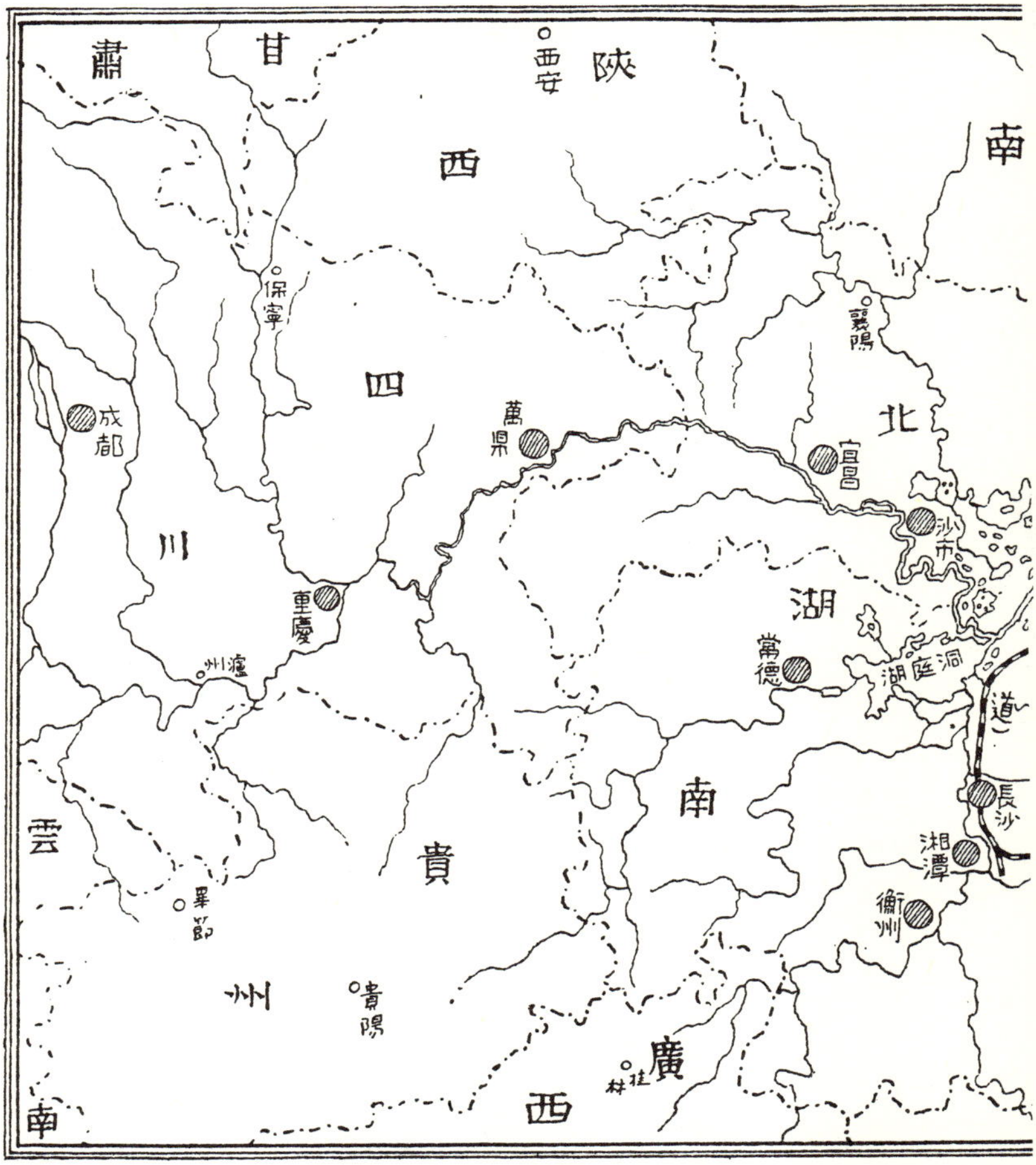
甘
肅
陝
西安
西
南
保寧
四
襄陽
北
萬県
成都
宜昌
沙市
川
湖
重慶
常德
洞庭湖
瀘州
道
南
長沙
雲
湘潭
貴
畢節
衡州
州
貴陽
廣
桂林
西
南

南　京

南京概説

位　置　揚子江を遡る百九十一浬、江の南岸にありて津浦鉄道の起点浦口と相対す。

歴　史　六朝時代以降国都たるもの数次、現に蒋介石派の国民革命軍政府所在地たり。附近は明の孝陵その他有名なる古蹟に富む。現存せる城壁は明の太祖の築造に係り、周囲七十六支里、高二十四丈乃至《ないし》九丈、幅二丈乃至四丈。

産　業　わずかに繻子、紬等の絹織物を産する外特記すべきものなし。

貿　易　一八九七年（光緒二十三年）天津条約により開港せられたるも、輸出入総額一千万両内外に過ぎず。

在留邦人　男　八十一人　女　七十三人　合計百五十四人（昭和元年十二月末現在）

日本官衙　日本領事館、駐在武官室

領事館の惨劇

南軍暴兵の闖入《ちんにゅう》

我が帝国の領事を始め、男女老幼百十余名の同胞が、悲憤の涙を呑んで鬼畜の暴れ狂うにまかせ、この世からの活地獄に一日一夜を苛まれた今次の南京事件は、往年の尼港事件と共に、国力進展の痛ましき犠牲として永久に記念せらるべき一大悲惨事である。

三月二十一日に上海を占領した国民革命軍はこれと前後して南京の攻略に掛り、二十三日には既に城外に押寄せた。これより先革命軍が江の南北と上下流より南京を目当てに殺到し来るや、八万に余る直魯連合軍は戦わずして退却を開始し、二十一日夕には、その一部は既に南門外三四里の地点に退き、二十三日には連合軍内部に裏切者を生じたため、城内は一層の混乱に陥り、総司令以下支那官憲の全部は逃亡し、城の内外にあった軍隊も、午後から夜にかけて下関《シャーカン》（江岸）浦口方面に潰走し、銃砲のとどろき、兵馬の波は満街を埋め、難を避けて逃げまどう市民の叫喚も混じりて、凄愴《せいそう》の気は全城を包んだ。

南京在留の邦人側においては、連合軍敗北の際における掠奪暴行を予想し、二十二日城内にある邦人婦女子だけを領事館に避難せしめたが、混乱いよいよ甚だしきに及び、市中に散在していた人々も続々避難し来り、二十三日午後八時頃までには、下関方面の在住者と市内の二三名を除く外全部の引揚げを了し、領事官舎十五名、本館三十八名、警察官舎二十名、書記生室十九名、署長官舎十名という振り当てでそれぞれ収容した。

かくて混乱と不安の一夜は明けた。夜もすがらの銃声と人馬のどよめきに戦き、脅えていた邦人一同は、二十四日の黎明を迎えて救われたような思いに充たされた。不思議にも連合軍の退却は思いの外に平穏に過ぎた。さなきだに春の曙は平和そのままの姿である。夢の如く全城をこめた春霧の裡に、誰か悪魔の囁きあえるを想うものがあろう。無心の子供は嬉々として床を出でた。婦女子たちはかいがいしく朝餉《あさげ》の支度に取掛かった。やがて六時過ぎとも思ぼしき頃、はるか遠くに嚠《りゅうりょう》喨たる喇叭《らっぱ》の声が聞え、間もなく晴天白日旗を先頭にした一隊が、領事館前の鼓楼近くを前進するのが見えた。言うまでもなく革命軍の先鋒が入城したのである。

その時日本領事においては、いよいよ革命軍が入城したからこれで安心であるとの旨を、板阪民会長をして各室の避難者に触れ歩かせた。同時に万一の防備のために築かれてあった領事館正門の土嚢は取除かれ、せっかく備え付けられてあった一門の機関銃も撤回された。国旗は竿頭高く掲げられ、正門の門扉は左右に開かれた。

館内の一同は、かねがね革命軍の規律正しいことを聞かされているので、むしろ歓迎の眼を以って領事館のヴェランダから眺めていたが、門口の土嚢の取除かれると前後して、いつの間に入り込んだか二三名の支那人がうろうろしていて、何かの合図でもしているようですこぶる気味悪く感じられたが、或いはこれが言う所の革命軍特有の便衣隊なるものであったかもしれない。ほとんどこれと呼応したかのようにして、一将校に率いられた小部隊の革命軍が進入し来たり、連合軍逃兵の捜索だと称し正門から覗き込んでそのまま立去った。それから半時間も経たと思う頃、約一個中隊の歩兵が将校指揮の下に正門から闖入し来たり、折柄歩哨に立っていた西原二等兵曹に向ってイキナリ銃剣を突きつけ、外套越しに突きまくった上、散々に打ちのめした。急を聞いて駆けつけた数名の水兵もたちどころに包囲せられ、これまた銃剣を突きつけて時計や財布など残らずもぎ取られてしまった。

当初、かくまでも事態の急変することを予期しなかった領事館では、二十二日に通信連絡兵として水兵三名の派遣方を碇泊中の軍艦に要求した。海軍側では三名は僅少過ぎると言うので、荒木海軍大尉を指揮官として水兵十名を上陸せしめることにした。然るにこの一隊が機関銃一門、小銃、無線電信などを携え二十二日朝上陸、江岸より自動車を駆って城内に入るべく儀鳳門に差しかかると、当時同所守備の連合軍司令は南軍援助の疑いありとの理由でその通過を抑止し、かつ武器携行まかりならぬと称し武器全部を押えた。幸い機関銃と電信機は先発の自動車で運んであったので免れたが、小銃は全部没収された。大尉は百方抗弁する所あったが頑としてこれを入れないのみか、一行を司令部に連行しその夜は同所に抑留し翌朝に至り釈放した。領事館からは直ぐに抗議を提出し武器の返還を要求したが応じない。こうした経緯の下に領事館の警備に就いた荒木大尉は、目前に部下の凌辱を見せつけられつつも、この場合の反撃はいたずらに避難邦人全部を危殆に陥るる恐れありと観念し、部下に向って無抵抗を命令した。もっとも折角携行した銃器は儀鳳門で没収される、無事に運ばれていた機関銃は撤回されている、

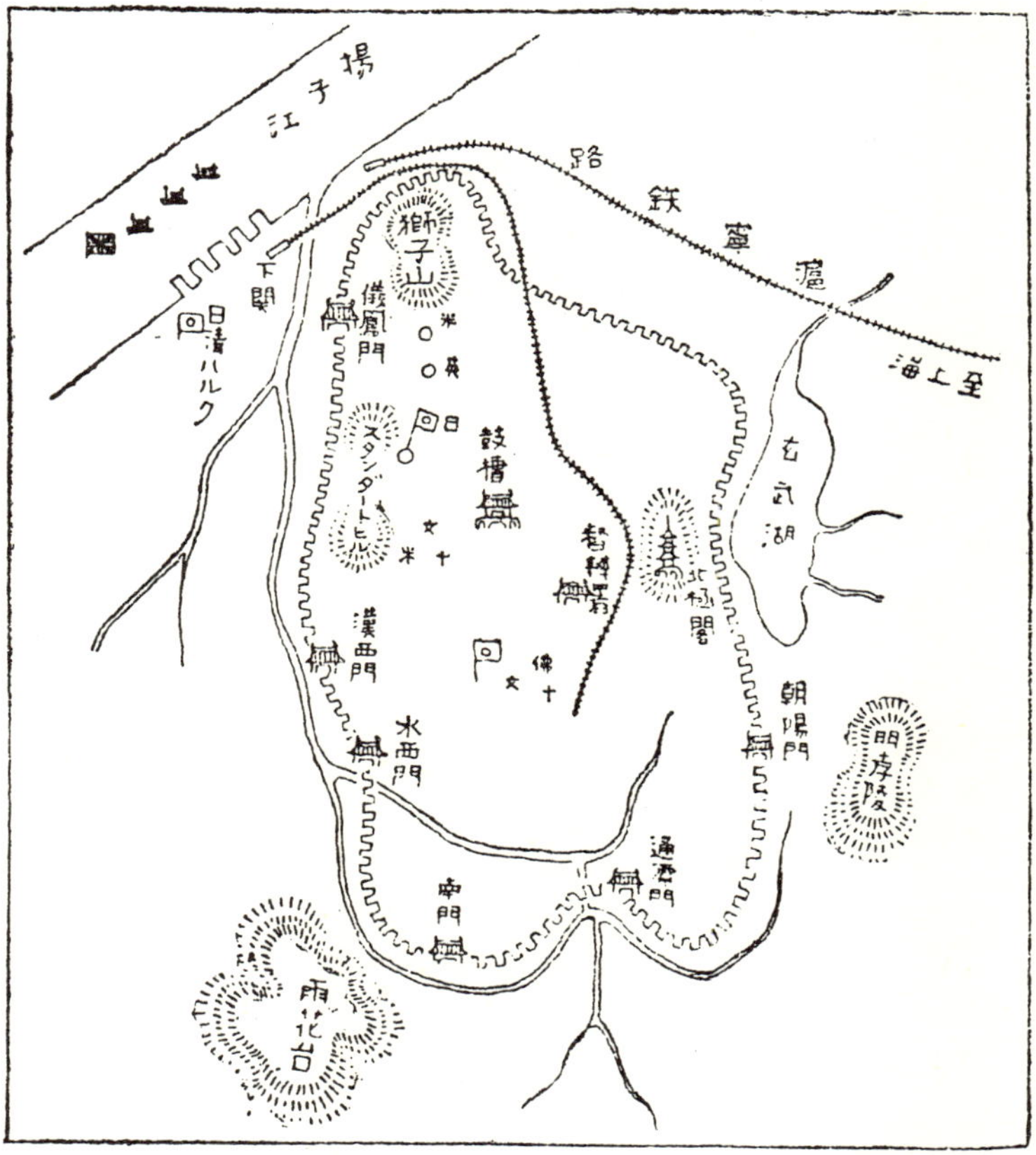
揚子江
滬寧鉄路
至上海
下関
日清ハルク
獅子山
儀鳳門
スタンダードヒル
鼓楼
北極閣
玄武湖
漢西門
水西門
朝陽門
明孝陵
通済門
南門
雨花台

南京略図

南京日本領事館略図

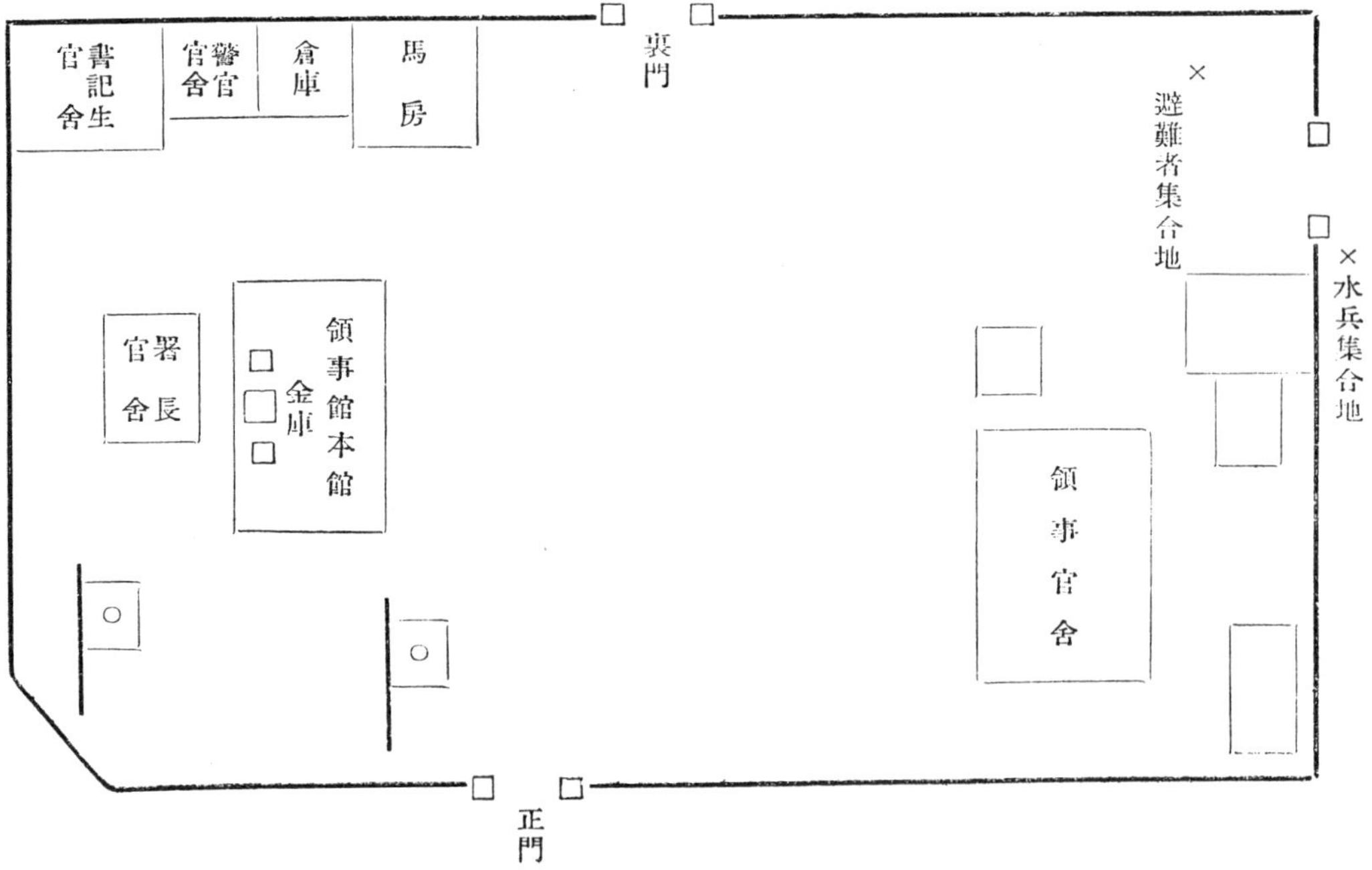

その上万一の警備のために領事館の倉庫内には、小銃三十挺、弾丸六千発が秘蔵されてあったが、領事館では不用意にもそれらの上に荷物を山積みし外より鍵をかけてしまったので取出すこともできない。十名の水兵は全然丸腰で暴兵に直面させられた訳である。彼らは唇を噛み涙を呑んで暴兵のなすがままにゆだぬるより外なかった。

かくて思うさま水兵に暴虐を加えた一隊は、喚声をあげ小銃拳銃を乱射しつつ館内目がけて突入した。

本館内の金庫

ここで少しく南京領事館について地理的説明を加え置く必要がある。17頁に掲げた南京略図面にある通り、揚子江の南岸すなわち日清汽船会社の船着場のある附近一帯を下関と称し、そこより南京城の儀鳳門までが約四丁余り、儀鳳門から城内の日本領事館までが一里半弱であるから、江岸から領事館までは僅々一里半余りに過ぎないのであるが、一朝この儀鳳門を閉じられてしまうと城内との交通は容易でないと共に、もしここで頑張られると通信さえもできなくなる。誠に便利のようで便利でない、安全のようで安全でない。後に説く所の海軍からの救助隊が、僅々一里半の距離なるにかかわらずほとんど事件発生後一昼夜以上を経過した後にようやく間に合った事実は、すなわちこの不便と不安を語るものであって、同時にまた事前における周匝の用意の必要であったことを示すものである。

次に第二図の日本領事館は総面積約一千坪余り、外部は煉瓦塀で囲まれ、中には本館、領事官舎、署長官舎、書記生並びに警察官官舎、倉庫、馬小屋その他の付属建物が散在し、正門から本館までが約六間、本館から領事官舎までが約一丁、本館横手の署長官舎と裏手の書記生室その他はいずれも二間乃至三四間の間にある。

当日、正門からなだれを打って突入した暴兵は、第一番に本館を襲い直ぐに階下の電話室に入り電話機を打ち砕き、続いて各室の器物を片っぱしから毀し始めた。その内に暴兵の一部は本館に据え置いてあった三個の金庫をおっ取囲んだ。その三個の中央の金庫には、畏れ多くも御真影が蔵されてあった。暴兵はそれを知ってか知らずにか、そこにいた邦人を捉え銃剣を擬してしきりに開扉を迫る。しかし事実その金庫の鍵は一丁余りを隔てた領事官舎にあったために、開けようにも開けることができない。暴兵は自分らで移り代り錠前をひねくって見るが無論開かない。そばにいた木村警察署長に迫ったが、これまた応じ得べくもない。業を煮やした暴兵は、いきなり署長目がけて発砲した。署長は身をかわす間もなく右腕に貫通傷を負い領事官舎に逃げのびた。根本陸軍少佐はしたたかに脇腹を打たれ、これまた領事官舎に避難した。当初同館には階上に三十八名の避難者が収容されていたが、ほとんどいたたまらずちりぢりになってしまった。そのうちに暴兵は火を放つと言い出した。最後までそこに残っていた須藤医院長は、これは危険だというので避難者の糾合にかかっていると暴兵につかまって金庫室に引っ張り行かれ、やはり開扉を迫られたがどうすることもできない。

ついに彼らはまさかり、石、銃床などを以って先ず左方の金庫から毀し始めた。する中に、横に一寸五分程の穴が開いて、中から砂がこぼれ出た。彼らは「何だ砂か」と言ってそれをやめて今度はいよいよ中央の金庫にかかった。ハンドルを壊しマークを取り除け種々苦心するが開かない。第三の金庫に移ったがそれも開かない。それでまた須藤院長を引出し、金庫が開かなければお前を殺すぞと称し、衣服も何も奪い取って褌一つにして銃の台尻で散々に打ち据えた。同氏がとっさの機転に金庫の鍵は官舎の二階にあるはずだと言うと、初めて殴打の手をゆるめ同氏を突き放して出て行った。その後の幾時間かの金庫室はまったく暴徒の手に委ねられた状態にあった。

領事官舎の銃声

話は前に戻る。

金庫室から逃げ出した木村署長、根本少佐らの領事官舎に入ったのを見た暴兵の一群は、直ぐにそこに殺到し、室内に入るや否や領事の頭をめがけて発砲した。当時領事は長らく脚痛で病床にあったが、銃丸は寝台の前に立ちふさがった領事夫人の袖を掠め畳を突きぬいた。続いて打ち放した一弾に領事はアッと叫んで仆れたが、幸いにして弾丸は領事を避けていた。その時露台に身をかわした根本少佐は横腹に一撃を見舞われ飛び降りようと身構えた所を無残にも銃剣を以って臀部を突き刺され露台から突き落とされた。鮮血に染まって下の貯水タンクの上に落ちた少佐は人事不省に陥った。

その時室内にいた人たちには、領事夫妻、根本少佐、木村署長の外に、板阪民会長、山本訓導、綾野茂氏らがあったが、続けざまに十数発を乱射し一同を威嚇した暴兵らは、「金を出せ」

「金庫を開けろ」「出さねば皆殺すぞ」と口々に罵りつつ各人を捉えて所持品を奪い取り、衣服を剥がし、はては領事夫人にまで及んだ。寝台側に置いてあった領事私用の小型金庫は、いつの間にかめちゃめちゃに叩きこわされ、中味は紙切れ一つ残さず奪い去られた。

こうして各室を暴れ回った暴兵は、あとからあとからと新手が押し寄せ、来る者ごとに何物かを奪い何物かを毀して行く。瞬く間に各館は階上階下とも、それこそ遺憾なく破壊され、その上に暴兵の後から紛れ込んだ付近の住民、老人といわず子供といわず、女房といわず娘といわず、苦力、破戸漢、乞食に至るまで、てんでに物を持ち去る。電球、電線、その他の装飾器具はもとより、炊事道具から風呂桶まで担ぎ出し、いよいよ取るものがなくなるとストーブの壁を剥がし、はては痰壷から便器まで持ち出した。あとは四辺に散乱した紙屑だけが床板を埋めていた。なんという惨状だ。しかも彼らの凶暴はこれに止まらない。血に飢え欲に狂う鬼畜の群れは、わが同胞を駆ってこの世ながらの活地獄に追い込めた。

取るものを取り尽くし毀すものを毀し尽くした後に来るべき場面は言わずとも明らかだ。銃剣に追い詰められ、所持品をかきさらわれた同胞を捉えては上着を脱がす。その後に来た暴兵はこれまた銃剣を突きつけてズボンを脱がす、その後のは帽子をさらって行く、靴を奪って行く、しまいにはシャツ、ズボン下、猿股までも脱がして持って行く。

さらに婦女子に加えた暴虐に至っては、まったく正視するに忍びなかったという。髪を解かせ帯を解かせ、肌着を脱がせ足袋を脱がせ、最後には〇〇〇〇奪い去り、言語に絶した〇〇〇加えんとした。最初腕時計を取られた或る夫人は、次に来た暴兵に指輪を強要されたが急に脱げぬので、危うくナイフで指を斬り去られようとした。或る夫人は別室に連れ行かれ○○○○○○○○○貴重品を隠していると言うので無遠慮極まる検査を受けた。暴兵に手を捉られしきりに助けを呼んだが、そばにいた人々にも顧みられなかった某夫人は、やはり○○○○○○○○指のさきや銃剣で突かれた。幸いにして白昼であり、暴兵暴民が幾百となく出入りして混雑を演じていた際であるから、極端の凌辱があり得なかったことは言い得るかもしれぬが、しかし裸形にされた母親は必死となって暴徒と争う、子供は火のつくように泣き叫ぶ。暴兵に引きずり行かるる婦人が、髪振り乱して助けを叫ぶも誰一人として手も出せない。そこには銃剣がにらんでいるのだ。銃弾が血を喚んでいるのだ。これが地獄でなくて何であろう。

ああ、獰猛残忍その者のような、しかも塵垢だらけの薄汚い蛮兵の前に、一絲残らず奪い去られて戦き慄えつつある雪白の一塊を想え。しかもそれは我同胞の婦女子なのだ。こうして筆を走らせていても、肉戦《おのの》き血湧くを禁じ得ない。

凄惨の一夜

以上のような暴虐は、執拗にも朝の七時から午後一時過ぎまで打通しに行われた。惨虐の限りをし尽した暴兵暴民の群れは、最後にはまったく取る物もなくなったので、一人去り二人去り何時の間にか散ってしまった。あとは野分けの跡の枯野原よりも浅ましい。命からがら領事官舎裏の窪地に逃げ延びた一同は、脅えきって口も利けない。その内に領事館のボーイが饅頭と湯を運んできたが、胸一ぱいで咽喉に通らぬ。湯を飲もうにも破茶碗一つない。わずかに煙草の空き缶を拾ってきて飲み合った。その間には居残った暴兵が入れ替わり立ち替わりやってきて金を強要する。火を放って皆を焼き殺すなどと嚇かす。婦人子供は活きた気持ちはない。

暴徒の大部分が退散したと思う頃、革命軍第二軍政治部員蒋勁というのがやってきた。須藤医院長は彼に向って衛生材料と食糧品を要請し、かつ責任ある正規兵の守備と下関碇泊の軍艦への連絡兵を要求したが、上官と相談の上で処置すると称し出て行った。しばらくたつと背広に中折れ帽という服装した師長戴岱氏が来て、避難者一同の前に立って演説を始めた。我国民革命軍は断じて外国人に危害を加えることをなさない、今日諸君を苦しめた者は確かに北軍の所為であると言う。そしてこれを誰か日本語に通訳せよというているが、進んで応ずるものはない。領事館の書記生もいたが出て通訳しようとはしない。結局須藤医院長がその労を取った。戴師長はその座で『在留外人の住居に立入るべからず、もしこれに反する者あれば直ぐに銃殺する』との貼り紙十枚を書いて戴、蒋両人の署名捺印したのを残し立ち去った。

その後に六名の革命軍の歩兵が来て出入りを取り締まることになったので、一同は始めて室内に帰ることができたが、さて困ったのは食糧である。皆の乏しい財嚢をはたいて、支那人の常食である焼餅、饅頭などを買い集め、わずかに飢えを凌ぐことにした。その夜の不自由と不安は前夜に数倍したものであった。荒れ果てて廃屋のようになった室内に、土足に汚れた畳やアンペラを敷き、かろうじて手に入れた数本のろうそくの火影に、拾い集めの服装に乞食のような形態した一同が、春とはいえまだ底冷えのする夜を慄えながらに明かした。中には藁の中にもぐりこんで昨日に変わる今の姿を苦笑する者もあり、殊にその日の五時前後から外国軍艦の城内威嚇の砲声は殷々としてとどろき渡り、いやがうえに不安を募らせ、子供までがまどろむことさえもできなかった。

当時城内に在った遭難者は左の通りである。

森岡　正平（四二）領事
森岡　春子（三七）
浅賀　正美（三六）書記生
浅賀　芳子（三四）
浅賀　俊子（　七）
浅賀　和子（　五）
浅賀　弘子（　二）
須藤嘉左衛門（三一）書記生
早崎　真一（三一）
早崎　光子（二二）
木村　三衣（四一）警部
木村　トキ（三二）
木村富サ子（一〇）
木村富美子（　八）

木村　彰（　三）
木村　勇（　二）
和田　豊秋（三七）巡査部長
和田　千延（三一）
和田　秀秋（　五）
和田　周子（　四）
福島　正房（三六）巡査
福島　市子（二七）
福島　一雄（　四）
福島　二夫（　二）
園田　朝隆（三四）巡査
園田スマ子（三〇）
園田　寛（　七）
園田マキ子（　五）

根本　博（三七）歩兵少佐
弓削　極（三二）通信員
弓削フサヨ（二五）
弓削　格（　四）
弓削　政子（　一）
鈴木万太郎（五九）旅館業
福田　林一（三〇）料理人
高島　栄子（二五）女中
藤井利四郎（四〇）洋服商
藤井　千代（三七）
藤井　春二（　九）
山本大三郎（三一）小学校長
山本ハツエ（二二）
山本　英嗣（　三）
板坂　留一（四四）医師
板坂　生子（三七）
板坂　光（一二）
板坂　元（　六）

板坂　澪子（　九）
板坂南生子（　七）
瀬崎　静（二〇）産婆
田坂　信夫（四八）写真業
田坂ヤヨイ（二八）
田坂　信（　九）
田坂　道明（　六）
田坂　千恵（　四）
田坂　照代（　一）
須藤　理助（五〇）医師
本持　寛敬（三四）薬剤師
本持　カツ（三〇）
本持　寛（　四）
本持　敬（　二）
佐田　正次（四三）事務員
佐田真佐子（三六）
佐田ヤス子（　九）
佐田トシ子（　五）

松崎　熊士（三一）医師
松崎　菊江（二八）
松崎　曄士（　六）
松崎　彰士（　一）
綾野　矢柄（七六）
綾野　　直（七二）
桑野ミヨ子（一八）
名越律五郎（五七）雑貨商
名越　ユキ（四二）
名越　トミ（一八）
名越　アイ（一六）
名越　フク（一四）
名越長五郎（一一）
名越喜七郎（　六）
名越久六郎（　八）
名越　栄蔵（　一）
吉村　伝助（五〇）雑貨商
吉村　千代（四〇）

吉村津代子（　四）
吉村　泰司（　二）
吉村　庫一（一六）
篠崎　達二（四二）雑貨商
篠崎　　緑（三二）
篠崎　宏介（一二）
篠崎　　誠（一〇）
篠崎カヨ子（　五）
篠崎　弘子（　二）
堂山　亀松（四七）輸出商
堂山　秀子（三四）
堂山　文子（一三）
堂山　　裕（　七）
堂山　　孝（　三）
綾野　兼代（三七）薬種商
綾野　　茂（四一）
綾野　年子（一三）
綾野　　博（一一）

綾野　巌（一〇）
綾野　澄江（　六）
山野　哲吾（三一）雑貨商
山野　静子（二五）
山野　啓吾（　一）
山根　清澄（二〇）店員
（以上南京城内居住者）
久下　嘉蔵（二五）洋服商

萩原清三郎（三一）輸出業
園田　次郎（二八）朝日記者
西坂　トシ（二九）森岡領事付添い看護婦
（以上旅行者）
荒木　亀男　陸戦隊長海軍大尉
陸戦隊員　水兵十名
総計　百二十一名

決死隊来る

翌二十五日となった。一同の希望は、一刻も早く危険から脱出することであった。朝早くから皆が集まってその方策を講ずることになり、決死隊を出す計画などもあったが、結局荒木大尉と東京朝日の園田記者とが、食糧、薬品などの買入れということにして下関まで自動車を駆り、軍艦よりの救護を請うことになったが、それも決行されないでいる中に、突然館庭に一台の自動車が止まり数名の海軍将校が躍り込んで来た。我警備艦艇から派遣された吉田海軍中佐の一行であった。館内からは一斉に歓呼の声が上がった。左に園田記者の通信記事を借りて当時を紀念する。

（前略）彼是して時を移している所へ突然一台の自動車が止まり、海軍の制服を着けた一人の巨漢が館内に躍り込んで来て、闥《たつ》を排して入り来ると共に『おお生きとったか』と領事の手をむずとつかんで、日やけした大きな顔に滝のような涙を流した。見れば第二十四駆逐隊司令吉田中佐ではないか。中佐の背後には松浦大尉、三上通訳外士官一人、水兵四人が従っている。この時一同の気持ちは余の禿筆では到底伝えることはできぬ。皆一せいに抱き合って感謝の涙をのんで歓呼の声を上げた。婦人のうちには感極まって大声に泣くものあり、実に稀に見る劇的場面を演じた。

（三月三十日東京朝日所載）

これが午前十時の出来事、前日朝の暴兵闖入の時から実に一昼夜と三時間、その間死よりもつらい責め苦に泣いた一同としては、この刹那こそまったくの蘇生そのものであったであろう。これより先我海軍将校においては、城内との通信途絶に、領事始め在留民の安否が気遣わるるも、下手に手出ししてかえって危険を招致するを慮り隠忍して成り行きを見ていたが、二十四日が暮れても消息はない、その夜は明けても同様である。もうこの上は猶予ならずと言うので、八十名の陸戦隊を組織し、万一の場合には砲門を開く覚悟で桃、檜、濱風は砲口を城内に向け、吉田司令自ら先鋒として邦人救護のために上陸したのであったが、やはり儀鳳門において革命軍によって阻止された。多数の兵が城内に入るのは衝突の恐れがあると言うのである。種々交渉の結果一行八名だけが革命軍の自動車で送り届けられることになったという。

吉田司令は直ぐに支那側に交渉し、引揚途中の保護と交通準備を要求したが、なかなか捗らない。そのうちにようやく自動車一台だけが都合せられ、あとは馬車でまず負傷者、病人、婦女子という順序で下関に送り、全部が軍艦に収容されたのは午後六時であった。

ちなみに館内の金庫三個の鍵は依然として見つからないので、やむを得ず二十五日に破壊して御真影を取り出し、途中無事に軍艦に奉安した。

館外の暴虐

埠頭の流血

以上述べた所は領事館内における暴虐の真相であるが、この外に江岸並びに城内における惨害を記さなければならぬ。

連合軍退却開始と同時に恐るべき掠奪暴行の演ぜらるべきを予想した日本海軍では、二十二日下関すなわち江岸一帯に在住せる邦人の大部分を駆逐艦桃、檜の二隻に収容したが、これらの避難民の中数名は家財をまとめるために上陸し、二十三日午前十一時頃、日清汽船会社のハルクに引き返した処を（地図参照）折柄襲来した革命軍のために、行李その他所持品全部を掠奪された。

二十四日未明に南京に入った——そして我領事館に暴虐を逞しくした革命軍の先鋒は、軍艦桃、檜、濱風の碇泊せる江岸を通過の際に、その日本軍艦であることは明白なるにかかわらず盛んに射撃を加えたため、各艦とも数発の小銃弾痕を残した。同じく八時過ぎにはますますその数を増した革命軍は日清汽船のハルクに殺到し、鉄条網を引き回し桟橋を取り除きあるにもめげず掠奪を企てたので、その附近一帯は一時混乱を極め、ハルクに在って防備に努めていた後藤機関兵曹は、痛ましくも彼らの乱射せる銃弾に仆れた。そばに居合わせた須藤医院の津田氏が助けてボートに移し手当てしたが、遂に異域の露と消えた。

これは後日譚であるが、二十六日に日清埠頭の広場で同機関兵の葬儀が営まれ、各艦長、居留民皆参列し焼香の最中に革命軍の一兵卒は汚い軍服でヒョロヒョロと式場に乗り込み、歩哨兵の禁止も聞かず『洋鬼子、ざまを見ろ』『打倒帝国主義だ』『ここは俺たちの土地だ、通行は勝手だ』など口汚く罵りつつ、式場を右往左往し、参列者を尻目にかけ祭壇の前に立ちはだかって『洋鬼子』と叫んだ。洋鬼子というのは支那人が外国人を罵る言葉である。

あまりの暴状に歩哨兵は彼を捉えて殴りつけ場外に追放した。ああ、我後藤機関兵曹は、死してなおかつ暴兵に辱められたのである。

宝来館裡の悲鳴

南京唯一の日本旅館宝来館は南京城内石板橋にある。二十二日の邦人の避難の際には馬車が来ないためにそれに加わることできず、二十三日は連合軍の退却で市中は上を下への大混乱にどうすることもできない。その夜は当時の宿泊客東京朝日の園田記者ほか一人と家中とで、そこここにあがる銃声に脅えつつ息を潜めて夜を明かすことにしたが、午前二時頃からにわかに静かになったので、皆気を許してまどろんだと思う間もなく、けたたましい銃声が間近の街上に鳴り渡った。さては市街戦が始まったかと思われたが、同館ではかねがね懇意の孫文会の中山事務所から検査済みの札をもらったので安心していると、七時頃になって突然二階の窓ガラスめがけて三四発の銃弾が注がれ、その弾は折から服を着替えていた園田記者の身辺を掠めて天井の電球を砕いた。またたくうちに街上を埋めた革命軍の暴兵は開門、開門と怒号しつつ表の鉄門を押し破り、どかどかと乱入し泥靴のまま畳を踏み荒らし、奉天兵はいないか、ピストルはないかなど、口々に連呼しつつ家捜しを始め、主人の鈴木氏を捉えて『金を出せ』『ピストルを出せ』と迫り、有り金を引っさらって出て行くとまた押し入って来る。次から次と入れ代り立ち代り、金、金、金！　と叫びながら入って来ては各室に侵入し、手当たり次第に掠奪する。宿泊客の荷物はもちろん、主人が永年の支那生活で集めた大小幾百の骨董品は、見る見るうちに彼らのポッケに隠され小脇に抱えられ、幾分も立たぬ間に影も留めなくなった。

当時同旅館にあって親しく暴虐に直面した東京朝日の園田記者の遭難記は、凄絶惨絶、鬼気人をうつものがある。左にその一節を録する。

（前略）たちまち数人の暴くれた兵隊がどかどかと乱入して奉天兵が逃げ込んではいないか武器は持たぬかなどと連呼しながら泥靴のまま畳を踏み荒らして家捜しをはじめ、トランク一個を奪取して引き上げた。その時まではまさか掠奪だとは気づかず、平気でいると続いて四十数名の兵士が乱入して『ピストルは持たぬか』と呼びつつ、われわれの所持品懐中の点検をはじめ、まず写真機と外ポケットのがま口を取り上げ、次いで内ポケットの財布をひったくった。その間一人の兵は宿の女中をつかまえ指輪を抜き取ろうとしていたが、堅くて容易に抜けないのに気をいらだて、『面倒だ、指を切り落としてやる』といいさま、懐中から短刀を取り出してあわや左の薬指を切落とそうとする、女中は必死に抵抗しつつようやく抜き取って渡した。そうして掠奪だと気がついた時分には、部屋々々はいずれもピストルや小銃の引金に手をかけた乱入者で一ぱいでいれかわり立ちかわり現れて来ては、すご文句でおどしつけながら、めぼしい品物を奪取してゆく、少しでも抵抗の気を見せようものなら、すぐさま銃殺する面がまえで引金に手を当てて迫ってくる。

余は無抵抗のいかに悲惨なるかを体験し、生来二十八年、この時ほど自分が弱いものだと思ったことはなかった。しかしこうなれば死を決して暴徒のなすままに天運を待つほかなかった。そのうちに余らは外套、服、ワイシャツ、着ているもの全部をはぎ奪われ、ズボン下一つきりになったが、暴兵は刻々に数を増すばかりで、奪ってゆくもののなくなった腹立たしさに、室内の小道具類を片端から破壊し始め、『百円出せば命だけ助けてやる』とか、『張作霖びいきの日本人は皆殺しだ、もう五十人殺された』などと喚きながら、一人の兵は一間余も間近からピストルを向けて余を狙撃した。幸いにして弾丸は余のびんをかすめ、とびらを貫いた。一緒の者四人既に生きた心地はない。どうでもなれと観念のほぞを固めているうち、兵隊に続いて潮の如き無頼漢の群衆雪崩れ込んで来て口々に我々を冷笑しながら、家の中の品物を片ッ端から持ちだしてゆく。めぼしい品物はもちろんのこと、後では畳、床板、便器、鉄瓶のかかった火鉢、たんつぼに至るまで持ち出して、部屋の中はまるで馬小屋同様のあばら家同然となってしまった。余らは丸裸になってこの暴挙を眼の辺に眺めながら、どうなる事かと胸を痛めていると、やがてどかどかと数人の兵が飛び込んできて、『貴様らは支那の土地に勝手に家を建てる権利はない、早く出てゆけ、下で銃殺してやるから早くゆけ』と言い捨てて余らを引きずり出した。いよいよ最後の時が来た、もうもがいても喚いても駄目だと観念して、彼らのなすがままに引き立てられて階下のボーイ部屋に押し込められた。そこで暴兵らは、またもや悲鳴を挙げて拒む女中を取り押さえて、腰巻までも奪おうとする。これを見た余は思わず眼がくらんだ。凌辱でもして見ろ、その時には剣を奪って斬り死にしてくれんと決心し見ていると幸いそのまま出て行ってしまった。

これより先、危害がいよいよ身辺に迫ったので、このままでは暴徒のために掠奪されるばかりだと思ったので、余は密かにボーイを密使に立てて、急を領事館に告げしめ適宜の処置を請うた。宿から領事館まで二十丁の道程だが、ボーイは待てど暮らせど帰らぬ。やっと十時過ぎに帰って来て、領事館も大掠奪を受けている。兵隊が一杯でとてもゆけぬと告げた。まさか領事館がやられるはずはない、遭難を恐れて途中から逃げ帰ってきたのかも知れぬ、この上は命をかけても領事館に逃げのびるほか道はないと考えて、裏口から脱け出ようとしているところへ、またもや鬼のような兵士が十数人押し寄せて、日本人は全部銃殺するから用意せよと破れ鐘のような声で宣告し、壁際に引き据えて、まず小銃の狙いを女中の心臓部にすえた。もうこれまでだ、暴徒は遂に引金を引いた。すると天いうか、弾丸が入っていなかったため、空しくカチリと鳴っただけで、命はようやく絶たれんとして一瞬に残し得た。暴兵はいまいましげに舌打ちして気をいら立てながら弾丸を入れているところへ、突如少佐服を着けた二人の将校が門の前を通り合わせ、この有様を見るや否や、つかつかと入って来て兵士の腕をつかんで制止したので、余らは危機一髪を免れたが、暴兵はいまいましげににらみつけて立ち去った。

余は地獄で仏に会った思いでその将校を捕え、このままではいつ殺されるか分らぬので、一刻も早く脱出して領事館に避難したいから、どうか同行して頂きたいと嘆願すると、将校はそれではあとで警察署長を出すからそれまで待てといって、そばの巡査に自分の名刺を与え、裸で震えている余に着物を貸せと命じて立ち去った。三十分の後巡査部長が来て、巡査二人で余らを護送してくれることになったので、余はズボン下一枚の上に、巡査が苦力の着ていたのを脱がしてくれたぼろぼろの上衣一枚を肌に当てたまま街上に出た。黒山と取り巻く人馬の中には、糾察隊のマークをつけた学生が混じって、『そいつらを引き渡せ、渡さぬと殺すぞ』と幾度か巡査を脅かし余らを連れ去ろうとするが、テコロ病院の前にさしかかると、石畳の上に生々しい血潮が流れ、砕かれた脳漿が散乱している。その門のすぐそばで外人紳士二人が兵士に取り囲まれて、まさに銃殺されんとしていた。これを目撃した余らは自分の運命を告げられているような気がして、われにもあらず目の前が真っ暗になるのを感じた、そのうちにようやく領事館の建物が見えるところにくると、正門前の坂道を兵士や無頼漢の群れが押し合うようにして家具類を抱えて降りてくる。見れば門前も前庭も公用書類が地を埋めて乱れている。『領事館もやられたのだ』と始めて目の当たりを見て、思わずも鉄槌で殴られたように驚きを感じた。

（三月三十日東京朝日所載）

一方丸裸にされ、座布団を前と後ろにあてがって、寒いのと恥かしいのを防いで敵味方を笑わした鈴木老人は、暴徒のすきを見て向い側の支那人宅に飛び込み着物をもらい、宝来館から一丁ほど離れた警察者へ救助を頼んだ。署長は顔馴染みなので好意を持って世話を焼いてくれたが、まもなく兵卒らが来て乱暴にも署長を殴りつけ、老人を引っ張って督弁公署の裏の錬兵場に連行し、またまた丸裸にしてしまって銃剣を咽喉に擬する。鈴木老人はいよいよ殺されるものと観念した。その刹那に一名の将校が来て『打つな打つな』と叫んだので危機を免れることができた。

それで老人はその将校に領事館までの護送を頼んだが容れない。やむなく知り合いの附近の鉄葉屋の主人を訪ねて着物を乞受け、途中でこれまた顔知った車夫からも着物を借り、一緒に宝来館に帰ってみると、まだ掠奪の最中らしいので逆戻りして車夫の宅に隠れ、そこからまた車夫や乞食に衛られて福民巷の孫氏（督軍署日本語通訳）の宅に遁れ、そこで一夜を明かし、領事館からの密使で軍艦への引揚を知り、孫氏の令息がボーイに、鈴木老人は盲人に変装し、ようやく危険地帯を突破し無事領事館に着いて始めて安堵した。鈴木氏は在支数十年、いろいろの災害にも遭遇したが、今度ほど弱らされたことはなかったと言うている。

朝鮮人か日本人か

城内龔家橋にある松崎医院の院長松崎熊士氏は、これまで同じ城内の須藤医院に副院長を勤めていたが、今度独立することになって三月二十一日に開業した。その夜はあたかも革命軍が南京に迫った頃で、殷々たる砲声を間近に聞きながら開業の宴を張った。そして一人の患者も見ないうちに今回の災厄である。

同医院では二十四日午前六時、革命軍の入城を知ると同時に、晴天白日旗と茶菓を用意して歓迎の意を表することにした。これも凡ての在留邦人と同じく革命軍を信じていたのである。然るにその期待は見事にも裏切られた。まもなく数名の革命軍の兵士が入って来て『この家を司令部にするから明け渡せ』と言う。松崎氏は『俺は日本人だ、お前らに貸し渡すことはできない』と突っぱねると、彼らは口々に『洋鬼子々々々』と罵りつつ金を出せと迫り、同氏のポケットの一つ一つに手を突っ込んで、時計財布など残らず取り上げて立ち去った。

その後で松崎氏は急ぎ近所の田坂写真師に電話し、領事館に避難するため二人で家を出で、約一里の間を革命軍に後について歩いた。途中は格別危険もなかったが鼓楼医院の前まで来ると『須藤理助』とした名刺が路上に散乱している。すぐ坂上の日本領事館では馬車や馬で盛んに荷物を運び出している。不審だと思いながら二人とも領事館が掠奪を受けてるとは思わなかった。正門を入るとき田坂氏だけはうまく通過したが、松崎氏は革命軍の兵士に捉まって外套、眼鏡、現金を奪取され、ほうほうの体で領事館に来て見ると、どの部屋もどの部屋もがらんどうだ。そして紙片や書類などの散乱した中を革命軍の兵士が右往左往している。赤い腕章をつけた平服の支那人が無頼漢らしい者どもを指揮して荷物を運んでいる。裏口に抜けて領事官舎に行くとボーイがいたので、日本人はどこにいるかと聞くと知らぬと言う。官舎の裏手に回ると雨水タンクの上に根本少佐が仰向きに仆れている。まったくの死人だ。それに一人の日本人の姿も見当たらないのと考え合わせて、邦人全部虐殺されたと直感した。そこで始めて危険の迫れるを感知し、根本少佐には気の毒だったがこれを打ち捨てて愴惶《そうこう》として館内を抜け出で、鼓楼医院の側で田坂氏にめぐり合い、北門橋の南京写真館に行って支那服の借用を乞うたが断られ、まったくの落人の気持ちで戦々恐々、五丁ほどを歩いたと思う頃、突然『止まれ』と大喝された。後を振り向くと一人の兵士が小銃に装弾しつつ近寄ってきて『お前たちは何国人だ』と言う。田坂氏が『日本人《リーベンレン》』と答えると、それを『高麗人《コーリーレン》』と間違えたらしく『高麗人なら許すが日本人だと許さないぞ』と怒鳴ったので、急に高麗人すなわち朝鮮人になりすましようやく虎口を逃れた。当時我同胞は日本人であることさえも高唱されなかったのだ。

かくて宝来館旅館の附近まで来るとその辺一帯は掠奪の最中である。震旦大学の門内には二名の仏国宣教師が殺害され、髯から頭髪まで焼かれて無残の死骸を横たえている。筋向いの日本小学校も掠奪されている。二人は革命軍の暴虐に驚きながら西華門に向う途中で、ようやく知人に支那服を借り受け、それに着替えて、とある阿片館に隠れた。その家は草屋根の二室しかない小屋で、隣室に阿片を吸うている労働者風の支那人の話し声がよく聞える。

『南兵はなぜ外国人を殺すのだ』

『彼奴らは俺たちの国に素手で来て、帰りには儲けて行くからだ』

『まるで泥棒だ』

『虐殺されるのは当然だ。日本領事館では鼻に針金を差し込んで、一人残らず殺してしまったよ』

聞かされた二人は、まさかと思ったがまったく身の毛のよだつ思いをした。そこへ突然昨年須藤医院を卒業した宣君が尋ねて来てくれた。領事館からの依頼で方々を探し歩いたとのこと、そして今外では二人の日本人がこの家に入ったと言うので、二百元の懸賞で捕縛することになっているから早く逃げよとの話だ。吃驚してそこを飛び出し二丁ほど離れた宣君の家に落ち着き、始めて領事館の日本人の無事であることを知った。それが午後四時頃であった。その内に江岸に当って盛んに砲声が聞える。今外国軍艦と革命軍と交戦中で、日本軍艦二隻は沈没したとの噂が伝わって来た。二人はお互いの運命もこれまでだと観念し、一切を認めて支那人に頼んで蕪湖領事館に送り届けようとしたが、船便がなかったために果たさなかった。やむなくその夜は今後を心配しつつ宣君の宅で過ごしたが、幸いにも翌二十五日朝十時、領事館からの急便で引揚のことを知り、ミルク、菓子などを携え領事館に駆け付けた。

当時城外に居住し、軍艦に収容されたものは左記二十四名である。

津田　福光（四三）医業
津田　ヨシ（四六）
津田　トシ（二二）
有安　長蔵（四三）医業
有安マサエ（三九）
有安ミツ子（一四）
有安ウタ子（一二）
有安満知子（　八）
鈴木増太郎（三七）旅館業
鈴木　房子（二九）
鈴木留五郎（二九）
松尾　秀野（二八）女中
広瀬美濃蔵（三六）輸出業
広瀬　静枝（三六）

広瀬　悦子（　四）
広瀬　久子（　一）
井村　政利（二三）店員
江島　貞夫（三二）同右
庄司　得二（四一）ハルクマスター
庄司　フミ（四二）
庄司　テイ（一五）
庄司　美代（一二）
庄司　広（　九）
高木　タマ（六三）
（以上下関遭難者）

共産党の計画的暴挙

終わりに臨んで特記すべきは、当日の革命軍士卒の掠奪暴行が、決して偶然的にまたは発作的に行われたものでなく、事前に十分に計画され準備されたことである。これには推定すべき多くの事実がある。

前にもあるように、事変当日日本領事館の入り口附近には朝早くから胡散臭い平服支那人が、三四人うろうろしていた。そして内と外かけて何かの合図でもしているようであった。或いはこれは目撃者の思いなしであったかも知れぬが、しかし館内のボーイらの中にこれらと呼応する者がないとは誰が言えよう。一城を陥れるにも一店舗を荒らすにも、等しく慣用せらるる革命軍一派の奸細と内応、それは確かに当時においても行われたに相違ない。

殊に当日の暴兵は二十元の懸賞付きで募集された決死隊様の者で、その上に掠奪破壊すべき家々はとっくに共産党南京支部の手によって調べ上げられていたと称せられている。南京城内各所に散在せる日本人の家屋が、ほとんど一軒残らず、しかも極めて短時間の間に襲撃されたのを見ても、暴兵の背後に共産党一味があったことは主肯し得らるる。事実当日暴行の現場には幾多の平服支那人が混じっていた。領事館の正門から一番に雪崩れ込んだのはもちろん革命軍の暴兵であったが、中には平常服に毛皮の帽子をかぶった男が呼子笛を吹き鳴らしつつ指揮してるのもあった。殊に掠奪品が後から後からと持ち出されると、門前には自動車、馬車、驢馬などが待ち受けていて山積みしては何処かへ運んで行く。その指揮者の中には二十七八くらいの斬髪婦人もまじっていた。

さらに欧米人に対して行われた暴虐もまったく同様の手段であった。英米領事館を始め、欧米人の住宅、店舗が遺憾なきまでに荒らされたのはもとより、各学校にある欧米人までが一々物色して危害を加えられた。中にも金陵大学副校長イー・ゼー・ウイリアム博士と、震旦大学の仏人教師二名は暴兵のために惨殺され、その中の一人は頭髪から髯、陰毛までも焼かれた上、大腿部を切断され街頭に遺棄されていた。このほかに重傷を受けまたは衣服を剥がされたものは数うるにいとまないほどである。殊に婦人にして凌辱を受けたものも少なからずと言うが、これらの事実に徴しても、いかに計画的に行われたかが分ると思う。

しかも事件直後において国民革命軍の首脳たる蒋介石氏は何というたか。曰く『南軍は目下長江を渡り北軍を進撃中で既に捕虜二万を得た。直魯軍は敗退後軍規大いに紊れ、直魯軍宣伝隊長何海鳴らは南軍の正服を着して南京掠奪をなし、この度の外交問題を惹起せしめた云々』と。これは支那人の新聞記者に語ったものだとあるから多少割引を要するかも知れぬが、さらに漢口の国民政府外交部は三月三十一日宣告書を発表し、左のごとく言明している。

南京事件の調査を命ぜられた支那委員の報告によると、三月二十四日の南京の日英米領事館を襲い掠奪をなした軍隊は国民軍正規兵でなく、反革命派が山東軍敗退の混乱に乗じ、無頼の徒をそそのかして暴行を働かしたもので、彼らは敗残の山東兵から軍服を奪いこれを着けていた。これらの暴徒は国民軍第六軍長程潜軍の二十四日南京入城とともに大部分処罰された。外人の死者四名乃至六名、負傷者六名と伝えられるが支那側が英米軍艦の砲撃により受けた損害は、外人死傷者一名に対し百名以上の割合に上ると見られている云々。

国民革命軍とその政府を謳歌した人々は、これを見て如何の感を抱くか。身親しく暴兵の惨虐に直面した人々は、これを見て如何の思いをなすか。吾輩はただ天を仰いで長嘆するのみ。

南京汚辱事件真相

本編は南京須藤医院長須藤理助氏が各所において講演せられたるものの筆記を請い受け、本書所載の事実と重複せる部分を除き採録せるものである。(編者)

南軍迫る

昭和二年三月二十四日を以って演ぜられた南京汚辱事件は、実に帝国の名誉と国威とを傷つけたる千載の恨事である。

今次の南京事件は日本人が南軍を買いかぶったことに起因している。当初杭州を陥れたる南軍の主力が南京に迫るや、三月十六日から連合軍は退却を開始した。この戦闘において負傷したる連隊長以下数名が、私の経営しておる病院に入院してきた。その負傷者の談によると南京の落城も近いとのことであったので、私は森岡領事に向って、在留邦人の引揚方を進言した。然るに領事は、南軍が暴行する如きことは万々あるまいとの見地から、私の進言に耳を貸さず、危険が迫れば領事館より引揚の手順をするとのことであった。

三月二十一日になって砲声が聞こえ始めた、その朝も私は、婦女子を下関の軍艦に避難せしめよと主張したが用いられなかった。午後になって南軍の戦況はいよいよ不利となり、砲声が間近に聞こえ始めた。形勢の危険を予知した私は、私の家族の婦女子だけを領事館に避難せしむべく、午後五時これを領事館に送り届けた、そうして、どうか預かってもらいたいと願ったところが、領事館では未だその準備もしていない且つ引揚命令も出していないとのことであったので、私は、自発的に避難して来たものであることを主張して、午後七時半に至り、ようやく書記生の一室を明けてもらい、そこに家族を預けて帰宅した。

翌二十二日に至って南京城の城壁に当たって砲声が聞こえ始めた。いよいよ危険が迫ったからとのことで、領事館からまず婦女子だけを集めたが、宝来館の者だけは館内に引揚げることができなかった。

二十三日になって戦況はますます険悪となって来たので、私は自分の病院に収容している負傷者だけを浦口に送り届けた、それは惨忍性を有する支那人が虐殺するがごときことがあってはならぬということを恐れたからである。同日の午後三時頃、砲声はいよいよ間近くなってきた。あたかも私が食事しているときに、北軍は退却を始めた、まず露兵を先頭とし、騎兵、砲兵、歩兵の順序で、秩序整然として退却した。

午後四時頃、追撃兵が接近してきて、銃丸が落下するようになった。私は附近の邦人を糾合し、いよいよ領事館に引揚ぐることに決し、電話を以って救護方を領事館に依頼した。然るにいくら待っても迎えに来てくれない。電話を以って再三催促したところが、自動車は運転者が逃げていないから出すことはできぬ、馬車はあるが馬丁がいないということなので、やむを得ず徒歩で銃丸の下を領事館へと引揚げた。それは当日午後の七時半頃であった。市街の南方にいる日本人は、前田洋行に集合し、八時頃領事館に引揚げた。ただ宝来館の邦人全部と、名越、田坂、松崎の三氏は引揚ぐることができなかった。

避難した邦人は、その夜領事館の倉庫に、各自携帯の貴重品を積み込んだ。この倉庫には一朝、万一の事変に際し、邦人の生命財産を守護すべく、秘密裡に小銃三十挺、弾丸六千発が蔵されていたのであるが領事はこの非常用の武器について何ら顧慮するところなく、その武器弾薬の上に荷物を山積みせしめ、外より鍵をかけてしまった。

かくして二十三日夜は、下関の在留者と前記の邦人を除き、全部領事館に避難したわけである。

（以下遭難状況は略す）

陸戦隊抑留さる

さて以上の如き忍ぶべからざる屈辱と惨忍悪虐なる迫害とを我々同胞が蒙りつつある間、我が在留民保護の任務にある帝国海軍の陸戦隊は、彼ら支那兵の暴虐に対し、全体何をなしつつあったか。事件突発前後におけるそれらの事実を語る必要がある。

三月二十二日森岡領事から、通信連絡兵として、水兵三名の派遣方を我が海軍に対して要求した。軍艦側では、三名は僅少に過ぐる。少なくとも十名ぐらいは必要であろうというので、荒木大尉を司令として水兵十名を上陸せしめた。大尉の一隊は機関銃一門、無線電話、小銃などを携行して二十二日朝上陸し、下関より自動車にて儀鳳門を通過しようとした。

然るに当時、同所を守備していた北軍の司令は、武器を携えて通過することは相成らぬ。南軍を援助するためであろうとて、抑止した。そこで荒木大尉は、我れは日本陸戦隊である、領事館民保護のために赴く者であると弁明したが、北兵は頑として承知しないのみか、北軍司令部に連行された上、二十二日夜は同所に抑留され、とうとう右の武器を没収されてしまった。そこで荒木大尉の一行は武器を取られたまま丸腰で二十三日朝、領事館にやってきた。よって領事から北軍司令部に対して、没収武器の返還方を交渉したが、彼は遂に我が要求に応じなかった。

もし荒木大尉の上陸に際し、帝国領事より事前に、武器を携行して通過する旨を予告して置いたならば、恐らく押収せらるるようなことはなかったはずである。その前例としては大正元年、二年、八年、十三年にはいずれも武装のまま上陸しておる。また事件突発の二十四日には四名の我が武装兵が上陸しておる、英米兵もまた然りであった。

荒木大尉自殺

二十三日、土嚢を築いた防備を、二十四日朝になって撤廃すべく領事から要求されたことは事実であろうが、それが在留民全体の要求として無抵抗主義を取るべく要求したものではない。事件の突発は瞬間であって、事前に左様な協議の暇のありえようはずがない。少なくとも私ども同室の三十八名は、左様な無抵抗主義を主張した覚えはない。またその混乱の最中において、私は荒木大尉をも水兵をも見受けなかったのである。無抵抗主義によって、生命が安全であったことは、偶然の結果であって、在留邦人が忍ぶべからざる汚辱を受けつつある際、十名の水兵はまったく無抵抗主義を取っていたのである。ある一婦人が、暴兵のために一室に引き行かるる際、『今こうして連れていかれます、どうぞ助けてください』と○○呼んで根限り叫んだが、○○○○○○○○○○○○○○○○○○○○○○○○何とも致し方がない』との意味を答えて、その○○○○○していたということである。

事件後、○○○○○○、領事館裏の凹地に集合し、○○○○○○○○○○、○○○○○○○○○○○○、○○○○○○○○○○○○、この場合、水兵が武器なき故に抵抗できなかったということも事実である。ヨシ万一、武器があって抵抗していたとすればもちろん殺されていたであろう。私は、水兵が暴兵に抵抗して、死を選ばなかったということについて言うのではない。ただ領事館より一里半を隔てたる揚子江には、当時帝国軍艦三隻あり。数百の軍人がいることであるから一刻も早く事の急を我が軍艦に報告すべく連絡すべき責任がある、それが通信連絡兵としての当然の役目である、少なくとも決死隊を組織して事変の急を下関に連絡するの途を講ずる必要があったのである。然るに〇〇〇〇〇〇〇〇〇〇〇〇〇〇〇〇。翌日に至り決死隊を出すとか出さぬとか言っていたが、とうとう出さずに終った。

荒木大尉が責を引いて自殺せられたことは深く同情する次第なるも在留民保護の任務が果されなかったことは実に遺憾であった。当日、領事館においては、門前の国旗を奪われ官有物件全部を没収された。旗竿にて館内に高く掲げられていた国旗は無事であったが、領事館の〇〇〇〇〇〇は、如何なりしかは明らかでない。〇〇〇〇、事件以前に修理のため取り外されてあったのであるが、事件後その現品が全然見当らなかったことは事実である。かかる暴戻惨虐なる事変に直面して、直接、守備の全責任に当った荒木大尉が苦しき立場に陥ったことは同情する。荒木大尉は自殺するに当って、帝国の威信を傷つけられたるを愧ず、帝国海軍の名誉を傷つけられたることを愧ずる旨の遺書を認めて、処決したとのことである。

惨禍の責任者

しかしかかる空前の汚辱と惨禍を蒙るに至ったのは、当初、政府が、事件突発前において南軍を買いかぶり、引揚げの処置を誤ったことに基因するので、当面の責任者は、政府であると信ずる。

殊に事件の突発に際して、最善の方法を講ぜず、その暴行を受くるに当って、たとえ病中であった、実見者の談によると、領事は暴行兵に対して△を△わして△△△の礼を取った、それでも暴行兵が威嚇的に実弾二発を発射するや、命中していないにも拘らず、領事は△△に△△するの態度を執ったそうである。その醜態は多く語るに忍びない。いやしくも帝国を代表する在外官吏としては、今少しく立派なる態度を執ってもらいたかったと思うのである。

またさらに事件後の在留民の処置は、領事として最も重大なる責任ありと思うのであるが、その処置は如何であったか。領事館に避難することを得なかった城内の日本人を捜し求めて安全に避難せしむべきが至当であるにも拘らず、なんらその挙措に出ずることなく、領事は引揚げに際し真先に自動車で避難してしまった。それで私たちは支那人を使って、城内に散逸せる同胞に引揚方を通知し、然る後、ガタ馬車に乗って引揚げたのである。

外人の奮戦

然らば日本人以外の外国人の遭難状況は如何であったかというに、英米軍艦からは、時を移さず武装したる陸戦隊が各その領事館に上陸し、下関の軍艦に信号し、発砲しつつ在留民を全部軍艦に収容したのである。

しかも彼ら外人は勇敢に交戦しておる。すなわち帝国領事館に隣接して米国の大学、フランスの大学があるが、その校長はいずれも殺害せられ、英米領事は自国の水兵とともに負傷した。

すなわち彼らは戦闘の上、各その自国人を救い出したのである。根本において、日本のそれとその趣きを異にする。

汚辱事件の真相

次に日本婦人の凌辱問題であるが、これについては色々の説がある。私は、後段に示す私個人の遭難顚末の通り、事件の最中、約三時間半は単独に避難していたので、その現状を見たわけでない。ただ遭難者の談によると、日本婦人は衣服、帯から肌襦袢、△△△△取られ、暴兵のため△△△△△△△△ということであるが、それ以上のことは不明である。

しかしもし事件が夜陰に乗じて演ぜられていたとすれば、日本婦人中、いかなる悲惨なる凌辱を蒙っていたか測り知れなかったのであるが、幸いにして白昼ではあり、殊に一時は暴兵に加うるに附近の暴民乞食などが何百名となく乱入し混雑を演じたことであるから、室外において凌辱の事実があり得なかったことは首是し得らるる。然らば室内は如何というに、目撃者の談によると書記生官舎にあった某夫人と警察署長室にあった某夫人とが、ともに衣服全部を解かれたと言うが、その時は附近に何百人の人が騒いでいたそうである。某夫人が暴兵のために署長の別室に連れ行かれた時には、近くに〇〇〇〇いたのである。

領事館本館は室が少なくて邦人多数がいたことだから凌辱の事実はなく、もし左様の危険ありしとすれば、領事官舎と考えねばならぬ。官舎の方は室が多いに反比例し避難邦人は全部で十五六名（内婦人六名）であったのである。これ以上のことは私として知るところがない。

察するに凌辱問題の伝播されたのは、外国人の被害の訛伝ではなかったかと思われる。米国婦人四名（学校教師またはその妻）は確かに凌辱された事実がある。凌辱の上局部を云々ということは下の事実の訛伝であろう。それは婦人でなくフランス学校男教師一名が殺害された上、その一名は陰毛を焼かれ、かつ右大腿部を切断されたと言う事実があったのである。

私の遭難談

ご参考までに私の遭難の順序を申し上げて、事件の真相を明らかにするの助けにしたいと思う。私が避難したのは領事館本館の二階に六室ある中の真中の部屋であった。事件突発とともに露台に出て西門を見ていた。その中暴兵が発砲し始めたのでこれは危険だと思い、同室の者三十八名を中央の一室に集合せしめた。まもなく暴兵が算を乱して私たちの室にも闖入し来り、掠奪を始めてたちまち混乱状態となった。私は一同を隣室に移動せしめて散乱せぬようにと図ったが、たちまちにして散り散りバラバラになってしまった。

その中支那兵は放火すると言い出した。これは危険だと思い、各々自由行動を取って難を避けることとし、私は一番最後になって日本人が残っていないかと見回っていると、暴兵のために捕えられて、御真影の蔵ってある金庫室に伴われ行かれた。そうして金庫を開けろと迫られたが、私に鍵のあろうはずがない。とうとう彼らはまさかり、石、銃の台尻などを以って金庫を破壊し始めた。万一、御真影に対して暴行する如き事態とならば、私は死を以って抵抗する覚悟を定めていた。そのうち彼らは左の小金庫の横に一寸五分ばかりの小穴を開けた、中から砂が出て来た。彼らは砂が入ってるなら開ける必要はないと言って、今度はいよいよ御真影の入っている中央大金庫を開けろと私に迫りつつ、金庫のマークを取り、ハンドルを壊し、色々苦心していたが開かない。今度は第三の金庫を叩き始めたがこれも開かぬ。彼らはこの金庫が開かぬならばお前を殺すと言って、私の衣服を全部奪い取った。私は褌一つの丸裸にされて銃の台尻で散々殴られた。

この時まで母は子を呼び、子は泣き叫ぶ、妻は良夫を呼ぶという風で、悲鳴と喧騒とが錯綜してその凄惨名状すべくもなかったが、私が丸裸にされて殴打される時分には、さしもの阿鼻叫喚はまったく聞えぬようになった。私は、さては日本人は全部虐殺されたのか、私は何とかして生きてこの暴状を本国政府に報告せねばならぬ。それには何はさておき下関の帝国軍艦に連絡して急を報ずる必要がある。オメオメここで犬死してはならぬ。それにはまず支那人をだましてやろうと考えつき、金庫の鍵は官舎の二階にあると言うと、彼らは始めて私を放した。

そこで私はどこか隠れ場所はないかと見渡したが、格好の場所が見つからない。咄嗟、ふと見ると露台の側に石炭庫がある。そこへ穴を掘って石炭の中に入り首だけを出して見ると、ガラス越しに掠奪の有様がよく見える。私はこの石炭庫の中に三時間半の間隠れていたのである。他の日本人はこの頃には領事館裏の窪地に集合していたので、当時他の同胞諸君は私の姿が見えないため、私は既に殺されたものと思うていたそうである。

三時間半の後この石炭庫の隠れ家へ、軍人にあらざる平服の支那人が入って来て私を見つけた。もちろん敵と認めねばならぬ。私は褌一つでやにわに組みついた。幸い私の力が優っていたものと見えて私は件の男を組み伏せた。サアお前の衣服を脱いでよこせ、脱がねば殺すぞと鉄拳を振り上げた所、件の男は、そんなら衣服を持っている者をつれて来ると言う、こやつに逃げられては反対に暴兵にやって来られてはたまらぬと思うたので、ヨシそんなら今はないが衣服をくれたら金をやると言うてその男を放してやった。

三十分ばかりしてその男が他の支那人一名を連れてきた。その支那人を見ると十年以上も領事館の馬丁をやっている男で、もちろん私もよく知っている。そこでその馬丁の好意で衣服を与えられた。そして馬丁が言うには階下の室の金庫の前には五六名の南軍兵がいるから、見つかると殺されると注意してくれたので、二階から飛び降りて馬房の脇を通り、裏門から日本人の集合している窪地の処へ行った。ところがその時はまだ暴兵が銃剣を突きつけて威嚇しつつ金を出せと盛んに要求している最中であった。二百円出せと言う、ないと答えるとそれなら百円出せという調子である。この幕へ出るのはよくないと私はしばらく家の蔭に隠れていると、ほどなく暴兵と入れ代って南軍の将校（蒋勁）がやって来た。まもなく戴岱という師団長もやって来た。（中略）

吉田中佐浅賀書記一行が軍長程潜を訪問してまもなく師長楊杰が程潜を代表して遺憾の意を表しに来た。この時森岡領事は避難者と一かたまりに官舎の階下玄関右側の部屋にいた。楊杰は日本士官学校出身であるので、会話は日本語で交換された。森岡領事は『私は広東在勤中程潜さんと別懇でございます。日本官吏は御国の官吏のように金持ちもありませんから、損害も少ない、御好意を感謝する云々』と挨拶した。あの場合厳然として支那暴兵の非違を詰問せなかったのは遺憾であった。そばに並み居る日本人は歯噛みして憤慨した。
ちなみに領事館の三個の金庫は、依然として鍵は見えないので、二十五日秩序的に破壊し、御真影及び貴重品を無事に取り出し、それを携帯して避難した。御真影が御無事であり得たことは不幸中の幸いであった。

（日本仏教新聞所載）

¶支那人に振られた南兵

南京事件の張本、程潜の軍隊は湖南の土匪を改編したもので、彼らが南下する時は漢口総商会ではその上陸禁止を要求したため、彼らは江上から恨めしげに漢口市街を眺めたのみで、下流三十里位の養老という所まで行って始めて上陸を許されたほどのしたたか者どもであったとの噂をそのままかくの如し。

蘇州

位置 江蘇省に属し太湖に近く運河の沿岸にあり。古来江南の絶勝地として知らる。
産業 繭、米、絹織物は全支那に冠たり。
貿易 一八九一年（光緒十一年）日清条約により開港せらる。
在留邦人 男 六十四人 女 六十四人 合計 百二十八人
日本官衙 日本領事館

蘇州は南京、漢口のような流血の惨事こそなかったが、暴徒のために領事館員を始め、在留邦人全部は監禁され、領事は暴徒の強要により彼らの監視の下に上海に下り、邦人救出の身代金を調達するという他に類例のない迫害を受けた。

革命軍の入城

風光明媚、描けるような江南の天地にも戦禍を免れなかった。三月二十日前後には既に蘇州の郊外近く押し寄せた国民革命軍は、同二十二日には早くも威風堂々城内に入った。同地在留邦人では南北の勝敗はともかく、いずれか敗残兵の掠奪暴行は免れまいとの懸念から領事館に避難せる者もあり、互いに徹夜して警戒した晩もあった。革命軍の入城はこれらに一安心を与えた。一体同地では北軍よりもむしろ南軍の歓迎に傾いていた。と言うのは革命軍側の早くからの宣伝によるのはもちろんであるが、とにかく革命軍の入城は蘇州官民によって歓呼して迎えられた。在留邦人においても支那側のそれほどではないが、とにかく戦禍から早く免れ得た、すなわち掠奪暴行などの災厄を免れ得たという喜びはあった。しかもそれは見事に裏切られた。もとより常勝軍の余威は手早く戦局を収拾し得たるために、甚だしき戦争の惨禍からは免れ得たが、しかし酬いられたものは、より以上に乱暴な、より以上に深刻なものであった。それはすなわち革命軍の労働者使嗾である。

　蘇州の人心が動揺し、労働者の気勢が邦人の目にも留まるようにおかしくなったのは、さかのぼって言えば革命軍が杭州から北上し呉江に達した頃、すなわち三月十二三日頃からである。それが革命軍の入城によって急速に具体化し、入城二日目の二十四日には、総工会の名義で日本人工場に乱暴な条件が持ち込まれた。

　双方が押し問答している間に、職工側の言い分はますます募る。工場内では彼処に一団、此処に一団と構えて示威的気勢を示す。二十九日には革命軍の戦役烈士紀念日と称し、各工場の職工全部が参加し楽隊を先頭に大旆《おおはた》をかざし、邦人工場にも押し寄せた。邦人側では、やはり隠忍していたので何事も起らなかったが、しかし四囲の形勢は日にますます不穏を増すのみなので、まず婦人子供だけでも避難させようということになり、上海から廻してもらった小蒸気船で三十一日に五十二名が引揚げ、次いで四月五日に二十二名が避難した。

工会員の跋扈

蘇州における日本人工場の重なるものは、昨年七月に開業した瑞豊絲廠（日華蚕絲会社経営）貝ボタン工場（橋本高次郎）備後屋畳表工場、湯浅工場などであるが、その中瑞豊絲廠は職工数も多いので自然今回の争議の焦点となった観があるので、以下同廠の出来事を中心に叙述の筆を進めることにする。

二十四日に難件を持ち込まれた以後の工場は事実上支那人職工の管理に帰した形で、しかし日本人も全然顔出さぬとなるとまた騒ぎ出す恐れがあるので、毎日出張っては見るが指図も何もできない。もちろんこれでは成績も挙らず、規律は乱れる、職工の要求は増長する、何時の間にか生産費は従前の二倍以上になってしまった。

一体蘇州は生糸の産地で、支那人の経営に係る製糸工場も三つある。総工会の手はそれにも延びていった。国民党中の過激派の使嗾によるのはもちろんである。総工会と工場側との衝突は予期されていた。果然、延昌恒絲廠の操業休止は騒擾の端をなした。平常ならば新繭買い入れまでの女工解雇の如きは問題にならない。延昌恒絲廠もそれであったが、時が時であった。たちまち物議が持ち上がった。その際仲裁に入った斯業界の長老汪氏の息子はこれをなだめんとして却って女工の激昂を買い、彼らに追われて便所に隠れたり屋根の上を逃げ回ったりしていたが、遂に寝室に追い込められ、捉まって総工会に曳かれて千余名の女工の前で笞刑に処せられた。その翌日は血迷った職工らは汪氏父子を車に乗せ、楽隊を先頭に市中を曳き回し、邦人工場の門前にも来て喊声を挙げるなどまったく暴動化して来た。支那の警察もあるがもちろん手を着けない。

こうして工人側の気勢はますます強くなる。四月四日にはより以上の要求を持ち出した。瑞豊絲廠では余儀なくこれを容れたものの、このままでは到底仕事を継続する見込みは立たない。しかしここで邦人全部が引揚げるとなるといかなる面倒が起らないとも限らないので、領事館側とも打ち合わせ秘密裡にこれを決行することとし九日の夜半を期し残留邦人四十八名が小蒸気船で落ち延びる手配をなし、各工場では職工を瞞《だま》かすつもりで酒を振舞ったり、夜遅くまで麻雀などして何気ない風を装うたりして時の至るのを待った。然るに準備してあった小蒸気船を荷物取りまとめのため租界外の居住者の所に廻したのが戻ってこない。一同の手荷物はとっくに船着場に運び出してある。船は十日の午前二時に租界に戻る手筈である。それが十分たち二十分たち一時間たっても来ない。小雨はシトシトと降り出す。東の空は明るくなるような気がする、皆気が気でない。或いは職工らに感づかれはしまいかと思うと闇に響く靴音にも聞き耳を立てる。万一見つかったらピストルに見舞われるは必定だ。一同の緊張は絶頂に達した。

引揚失敗と邦人監禁

そこにあわただしく駆け込んだのは領事館雇いの前川氏だ。そして今領事館では領事館の巡捕のために武器も何も取り上げられ、皆は一室に監禁されたので、自分はかねて勝手を心得ているので窓の錠を外し脱出して注進に及んだという話。一同はただ呆然として途方に暮れてしまった。しかしこのままでは一刻もおれぬので互いに相励まし、荷物の一部は廠内に入れ一部は近くの岡田氏の所に運び込んだ。それが三時過ぎであった。そして密かに様子を見ていると同氏邸前に最初二三人の男工だけだったが、漸次に女工も加わって四五十人となり、日本人を叩き殺せと喚きながらガラス窓を開け、火をつけた蝋燭を突っ込んで見回している。その中に一同のいるのを認めたのか戸を押し破って入ろうとする。一同はそこを退いて奥の糀《こうじ》室に隠れた。すると遂に扉を破って闖入した彼らは家宅捜索を始め、糀室の前まで迫って来て一尺平方位の明り窓を打ち破って火を突っ込んだ。同時にピストルが閃く。覚えず顔見合した一同は一語を発する者もない。やがてピストルも火も引っ込ませたが、今度は外の戸を釘付けにしている。これはたまらぬ、釘付けにした上に火を放けられたら大変だというので、どうせ殺されるようならその覚悟でここを突破しようと言うことに一決し、まずその前に嘆願的に救出の事を頼んで見ることにした。

そこに思いがけなくも救いの手が現われた。それは租界外の居住者政次氏である。同氏は領事館差し回しの曳船に荷物を積み込み、午前一時までに租界の船着場に集合するはずのところ、小蒸気船の機関は何者のためにか破壊され動かなくなり、やむなく自分で艪《ろ》を押して来たとのこと。これで小蒸気船が待てども待てども来なかった理由もハッキリしたと同時に、同氏から支那人を説得してもらって無事に出ることができた。

ところが一難去ってまた一難、当日から瑞豊工廠内の日本人は皆糾察隊のために監禁されてしまった。この糾察隊は革命軍入城後直ちに組織されたもので、工場内の男工は残らず毎日軍隊教練をやる。彼らの武器である六尺棒は総工会から強要して絲廠に調整したもので、最初二尺位のものを作ってやると、これではだめだから背丈より長くしろと言う。やむなく杉木で作ると堅木にしろと言う。在留邦人は自分どもで拵えてやった六尺棒で自分どもが引っぱたかれることになったのである。

十日の未明には邦人一同既に寝室に入ったまま監禁の形に置かれた。六尺棒が張番しているのだ。夜が明けると一番に瑞豊工会長の汪が来た。続いて押し寄せた大勢の職工はまず電話機を破壊し、次いで暴動にかかった。手当たり次第に器物を毀す、目ぼしい物は持ち去る。時の間に各室とも惨憺たる有様となった。

邦人が最初本式に監禁されたのは寄宿舎であったが、ここで職工らは三ヶ年分の給料前払いを要求してきた。いわゆる人質を押えておいての難題だ。網野廠長は彼らのために領事館に引き行かれそのまま領事館に監禁されてしまった。十日夕刻には総工会執行委員長夏偉烈なる者が来て、邦人を呼び出し厳重な身体検査をした。ピストルこそ突きつけなかったがまったくの脅迫だ。いかんとも仕様がないので彼らの為すがままに任せていると、検査済みの者は一人一人事務所の二階に押し上げる。女子だけは舎宅に置こうとしたので万一の危難を恐れ、窓を突き破り二階に飛び上がってきた。それで男女二十三名がそこに監禁されることになった。その晩は七人の女だけを畳の上に寝かし男子は皆板の間に古新聞を敷いて休んだ。その後十五日までの四日間はご飯はくれる、用便にも出してくれたがその都度六尺棒がついている、まったくの囚人だ。

領事館巡捕の裏切り

これより先日本領事館では形勢の急転を慮り、在留邦人側とも凝議の結果いよいよ引揚げに決定し、前の話にもあったように十日午前二時を期してそれを決行する手筈であった。然るにその手配中突然領事館雇用の支那人巡捕のために外部から錠をかけられ、それらの注進によって殺到した各邦人工場の職工約五百名のために包囲されてしまった。総工会並びにそれに従属する糾察隊がその先登であるのは言うまでもない。これはその晩、領事館で領事館雇用の支那人巡捕を集め、一ヶ月余り留守にするから然るべく頼む旨を申し渡し一ヶ月の給料を前渡した。ところが巡捕側では総工会の廻し者もあり、必定日本人引揚げだと察知し、即時に総工会に密告すると同時に館員全部監禁の暴挙に出たのである。ここにおいてか領事を始め居合わせた重なる在留邦人も共々押し込められ如何ともすることができない。

職工側はまず日本人の引揚げはすなわち多数職工の生計を破壊するものとなし、強いて引揚げを断行なるならば二ヶ年分の給料を払えと要求した。邦人側では今回の引揚げは一時的のもので遠からず復帰する旨を説き聞かせると、然らば日本人留守中は我々職工において工場を経営するから一ヶ年分の給料を保証として銀行に供托せよと主張する。ずいぶん乱暴な要求とは思うが、何分館内にも工場にも人質的に邦人を押えての談判である。すこぶる鼻息が荒い。やむなく彼らの要求どおり約六万五千元の保障預け入れを承諾し、岩崎領事は監視的に同行する職工代表十四名と共に上海に下り金策することとなった。

然るにその後で職工らは勝手に館内に押し入り、器具その他設備品全部を総工会に持ち去り、木村署長以下館内にある者全部を完全に監禁してしまった。

超えて十二日には総工会緊急会議を開き、日本租界の回収、休業中の職工生活費の保障並びに職工の精神的物質的損害の賠償要求、排日大同盟の組織などを決議し、排日気勢を揚ぐると同時に領事館支那人巡捕の武装を解除した。

上海にありてこれらの飛報に接した岩崎領事は、上海矢田総領事を通じ国民軍東路総指揮白崇禧氏に対し取り締まり方を要求した。その結果白崇禧軍二個中隊は十二日蘇州に到着、租界外の大路を包囲し弾圧に取り掛かり不逞分子を捕縛し斬罪に処したので、俄かに怖気づいた職工らは何時の間にか租界から引揚げ、総工会本部では広間の正面に掲げてあった孫文氏の肖像や看板も取り除き、役員は皆影を潜めた。領事館と工場の監禁は自然に解かることとなり、邦人一同始めて蘇生の思いをした。

岩崎領事も十三日には帰任する、各工場もそれぞれ折り合いが着く、四月の二十三四日頃までには、引揚げその他ほとんど無事にこれを了した。

引揚げ余談

最後に二三の挿話を挙げてこの項を終ることにする。

十日午前二時決行のはずの引揚げが失敗に終わるや、何とかして急を上海に通じなければならぬと言うので、逸早く支那服をまとい、単身鉄路に沿うて脱出したのは畑野氏であった。次にボタン工場主橋本氏は小舟に便乗して領事館差し回しのはずの曳船を待ったが、定めの時刻になっても来ないのでやむなく夜陰にまぎれ店員らとともにその舟で蘇州を脱出したが、食事の用意はなし、追っ手の恐れはあり、態々《わざわざ》途中で船を換えたりして非常な困苦の下に翌十日午後三時半ようやく上海に到着、早速領事館に馳せ付け、白崇禧軍への交渉の段取りを着けた。

第三回引揚げの中絶により一番困ったのは城内と閶門から引揚げて来た人々であった。これらは食糧の準備とてはなし、一時小学校で自炊生活をなし汽車の開通を待って上海に避難した。

邦人が引揚げた後の留守宅は実に惨憺たるものであった。飲料水甕の中に放尿したり瓦石を投げ込んだりするのはまだしも、井戸の中に猫の屍骸を投げ入れる、風呂桶に糞尿を詰める、畳の上は土足で汚される。床板は踏み破られる、むしろきれいに持ち去られていた方がいいと思うほどであった。

腹立たしい中にも笑わされたのは、瑞豊工会代表汪某が、領事を監視して上海に下った留守中、白崇禧軍の弾圧により形勢一変したので、汪某の母は非常に心配し自宅に掲げてあった瑞豊工会長の標札や工会旗などを皆隠してしまった。そこへ汪某は六万五千元をせしめ意気揚々として乗り込むはずだったのがこの始末に、昨日の勢いはどこへやら、悄々として影を隠したのはまったく滑稽であった。

¶悲壮なる決議

漢口では六月十七日の臨時民会で遭難者の救済、復興並びに政府の積極政策を要望するため後藤、近藤、寶妻、阿部四君を陳情委員として上京せしむることに決定した。その際委員諸君では政府の態度が期待に反した場合は一切の公職を辞してその責を明らかにすることを申し合わせ、一方行政委員、民会議員、義勇隊員、消防隊員なども同時に結束して辞職し、事実上居留民団解散を敢行し、政府に対する在留民の態度を表明するという悲壮なる決議をした。

鎮江 附 杭州

鎮江は江蘇省に属し、上海より百五十八浬、揚子江南岸にあり。一八六一年天津条約により開港。在留邦人二十名。

鎮江は先年来しばしば戦乱の渦中に投ぜられ、そのたびごとに在留邦人の困惑されたのは言うまでもないが、殊に今春国民革命軍の南下以来は直接の迫害に脅かさるることになった。三月二十六日には敗兵に暴民も加わり街上の掠奪、発砲が行われ、英米人はアジヤ石油とスタンダード石油に避難した。四月に入っては危険ますます切迫し外人家屋のほとんど全部は掠奪され租界も奪回された。同地には日本人の事業として東洋燐寸会社があるが、やはり労働者の反《はん》噬《ぜい》に苦しめられほとんど作業不可能状態に陥ったのは言うまでもない。

かようの有様なので邦人中の九名は四月初めに駆逐艦「竹」に収容され上海に避難し、残留者も全部碇泊中の軍艦に引揚げた。

美人で有名な揚州に勤めていた塩務官加藤氏も四月初めに同地を引揚げ、妻女は内地に帰し自身だけ鎮江で軍艦内に滞在していたがその後いよいよ険悪になる上に、一般の仕事もできないというので、他の避難者ともども上海に引揚げてしまった。

浙江省杭州は日本租界があり在留邦人男女五十六名、日本の領事館もあるが一二年来しばしば兵乱に禍され、今年に入ってはますます危険なので万一の場合のために在留邦人で小蒸気船二隻を準備していたが、この二月に孫傳芳軍の敗兵のために奪取された。三月になっては武装した南軍兵が日本租界に入り日英排斥の歌を高唱して練り歩き、中には日本人の住宅の扉や壁に「打倒帝国主義」「打倒東洋之小鬼」など白墨で楽書したり、日本人小学校に闖入して水甕に放尿したり教授の妨害したりした者もあった。三月三十一日清野領事はいよいよ引揚げに決心し四月二日に第一回避難民を送り出し、同十二日には税関の人を除く外全部の引揚げを了した。同地租界内の瑞豊繭行は引揚げ後支那兵闖入し留守番より抗議を申し込んでも動かず、器物を破壊し室内を汚損し狼藉を働いていたが、戦線の前進によりようやく出て行った。当初上海居留民団の世話で上海に杭州避難所があったが、何時までも厄介になれぬので解散したため、最後の引揚者は一時落ち着き先にも困ったという。

蕪湖

蕪湖は上海を距る二百五十七浬、揚子江南岸にあり。安徽省に属す。米、茶の輸出港として有名なり。一八七六年の芝罘条約に基づき一八九七年（光緒二十三年）より開港。在留邦人男六十六人女四十三人合計百〇九人。日本領事館の所在地なり。

蕪湖は在留邦人の少ないにも拘わらず、排日の盛んな所である。大正四年以降排日のたびごとにその余波を浴びせられてきた。今回の南北戦争に際してもその中心が漸次に南下するに連れてしばしば動揺を繰り返した。三月六日国民革命軍の程潜軍第十九師の三団が蕪湖を襲い、その前夜に寝返り打った北軍側の陳調元は国民軍第三十七軍長に就職した。同八日程潜氏出迎えのため税関埠頭附近に集まっていた群衆の中で、突然「税関の外人を駆逐せよ」と叫ぶものがあった。殺気立った群衆は、これをきっかけに雪崩を打って税関に乱入し手当たり次第に器具を破壊する。外国人は逃げ出す、戦場のような混乱状態を呈したが、国民軍の鎮撫により一時平穏になった。

翌九日には市民の国民軍歓迎大会が催されたが、軍長程潜は革命の目的を説くと同時に上海における英日の陸戦隊上陸に対し反対論を高唱した。それが群衆の排外気分を煽ったのは言うまでもない。散会後群衆の一部は税関と英人官舎に乱入し掠奪破壊を逞しくした。その時までは日本人側は石を投げられたり罵倒を浴びせられたりした程度に過ぎなかったが、四月に入っては対日態度もすこぶる悪化した。

四月五日、降将陳調元とその旧部下王普軍との間に反目を生じ、市内諸所で小衝突があり不安の空気に満たされたが、同軍の日本人に対する態度がすこぶる面白くないので、碇泊中の軍艦「柏」は警戒を開始した。然るにこの傾向は日一日と濃厚の度を増し、一般民衆の排日言動も露骨になってきたので、領事館は遂に七日に至って在留邦人の引揚げを命じた。邦人の大部分は漢口よりの避難船に収容せられ数回に分れて内地に引揚げた。

蕪湖在留邦人の古顔たる塩塚留次郎氏は引揚げ後東京に滞在中、避難者連合会にもしばしば出席されたるところ、六月初め長崎に帰省後消息に接せず、同氏より遭難事情を聴取するを得ざりしは編者のすこぶる遺憾とするところなり。

九江

位置　九江は江西省に属し上海を距る四百四十六浬、揚子江の南岸に在り。南潯鉄道の起点たり。
産業　茶、紙、麻のほか、九江焼きにて有名なり。
貿易　一八六一年（咸豊十一年）開港せり。江西省唯一の輸出入港としてすこぶる活気を呈す。英国専管居留地ありたるも本年に入り返還を余儀なくせられたるは世人の記憶に新たなるところなり。
在留邦人　男　五十七人　女　四十人　合計九十七人（昭和元年十二月末現在）
日本官衙　日本領事館

昨大正十五年十一月初め、九江が国民革命軍に占領されてから、各地と同じく直ぐに各種の工会ができ、日本人関係の使用支那人も洋務工会を設立し、諸種無法な条件を持ち込んだ。しかしこれは曲がりなりにも解決したが、やがて共産派が跋扈しだし、比較的穏健であった李烈鈞氏を追い出した。その後はますます労働者の勢いを増しほとんど外国商人も営業できなくなった。そこに南京事件に続いて漢口日本租界の暴動が起こる。支那街には種々な謡言が伝わって、日本人虐殺計画がまことしやかに取沙汰される。

在留邦人も気味悪くなって引揚げを希望する者も出て来た。すると洋務工会では今帰られては困るから六ヶ月分の解雇手当をよこせと言い出した。一方支那官憲では決して暴動は起こさない、在留邦人の生命財産は極力保護するとの旨をしばしば声明した。邦人の間でも大丈夫だと観ている人もあったが、しかし支那側の声明の満足に実行された例はない。

十四年五月三十日に勃発した上海の南京路事件、英国の巡査が支那の群衆に向って発砲した事件に関連して、九江の英租界でも暴徒の襲撃を受けた。その際には日本人側も側杖を食って日本領事館は荒らされる、正面の御紋章は毀される、その上に台湾銀行は暴徒の放火により全焼し、器具その他は掠奪され行員の中にはひどく殴られた者もあった。その際も支那官憲は前日の朝まで厳重取締りを声明し、各国領事側でもこれに信頼していた。にもかかわらずかようの事件を惹起し、在留邦人は十五日間、仕事も何も放擲して領事館に篭城した苦い記憶がある。

それに上流各地は引揚げ命令によって続々内地に避難する際に、九江だけが安穏におれるはずがないというので、居留民から領事館に迫り、どういうものか知らぬが領事から在留邦人に向って引揚げ勧告というものを出した。そこで第一回が婦女子三十八名、第二回が九名、第三回が十二名という順序で引揚げた。後に残ったのは領事館員と日清汽船会社、南潯鉄道などの関係者だけであった。もっとも同地では孫傳芳軍の敗退前後から南昌動乱当時、婦女子を領事館に避難せしめた際に、上海または日本に送り返した者もあるので、今回の引揚げは比較的無難であった。

¶横着な居候

六月末に南京城内の被害調査に赴いた山野氏報告に左の如き一節があった。

路傍の楊樹は無心に我らを迎え山川風光昔に異ならざるも当時を回想すれば感慨悲壮、荒廃せる我らの旧居を目睹するに及んでは只嗚咽あるのみ。殊に惨状を呈せしは城内宝来館、須藤、栗林、松崎の三医院にしてほとんど旧態を止めず、見る影もなく荒れ果てて床板もなき室に蓆を敷き並べ、蒜と汗の臭気紛々たる裸体の兵士が我が物顔に昼寝せる様、唖然たるの外なく到底再び住居とする勇気も出でざる状態なりき云々

南昌

南昌は江西省の首都にして潯陽湖の西南、贛江の下流に在り。漢代の豫章郡にして南昌の名は南唐に始まる。古来水陸交通の要衝、物資の一大集散地として名あり。茶、葛布、苧布などを産す。日本の借款によれる南潯鉄道は南昌、九江間を連結せるものにして延長七十九マイルあり。

南昌は昨大正十五年九月、一度び革命軍の襲うところとなり一時陥落を伝えられたが、五省連軍のために奪回され、再度革命軍の占領するところとなり今日に至ったもので、長い間兵禍の外におかれていたのが、わずかの間に数次の災害を蒙り、由緒ある古刹や大きな邸宅などが焚かれたり壊されたりしたものが少なくない。ここに採録したのは、当時南昌に居住していて親しく苦難を嘗めた佐久間夫人の談話である。

数度の掠奪

九月に南軍（革命軍）が入りました際に敗残の北兵（五省連軍）が盛んに掠奪をやりました。

その時の師長は鄧汝琢と鄭俊彦というのでした。これより先市中では仲秋お月見をやることになっていましたが、十三日に二三百人の南軍が突然入城した。その時には鄭師長はいなかったですが、市民では南軍が来たというので非常に喜んだのですが、十三、十四の二日間は盛んに砲火を交えたので、私どもは図書館に避難しました。すると、南軍が勝ったというので十六日に家に帰りますと、また大砲が鳴り出した。まだ危険だというので、再び図書館に戻りましたが、今度は十八日の明け方近く馬蹄の響きが聞こえる。見ると、北軍がドンドン入ってくる。これは大変だと申していますと、外の方が非常に騒がしくなって、彼方でも斬られた、此方でもやられたという騒ぎです。私の家の前でも大変な人死でした。

こんな有様なので一歩も外に出られない。二日二晩というものは一二椀の粥で過ごした上に、コックやボーイはみな隠れてしまうし城門は閉めてあるし、ですので水汲みに行くこともできないので、お湯さえも飲めない。その間は弾丸よけのつもりで蒲団を張り廻らし、その蔭に小さくなっているという始末です。

こうして皆がすっ込んで出ないので北軍の兵士が大いに怒り出した。お前たちは南軍というと饅頭を食わしたりして非常に歓迎するが、我々が来ると店を閉めてしまって物も売らない。実にけしからぬ、これから皆殺しにするのだと言うて脅迫する。市民は皆おびえきってしまったのです。私は一週間ばかり図書館にいてやや静まった様子なので家に帰って見ました。実は今度は米国人の病院に避難するつもりでしたが、何を申し女ですから良い着物だけでも持ち出したいと思うて、包みを抱えながら家に帰ったのです。すると子供が一週間ぶりなので喜んで家に入ってしまった。私も後からついて入りますと、北軍の兵士がイキナリやって来て、そっちを開けろ、こっちを開けろという、仕方ないから開けると皆かっぱらって行くのです。海苔の缶詰など少しありましたが、これは日本の菓子だろうと言うて、大変珍しがって皆持っていってしまった。帯から着物、袷単物皆取られました。蒲団だけは残していったので、それを持って病院に行ったのですが高い入院料を取られるので家に帰ったら、またドンドンやり出す。そして今度は何千人という南軍は外から北軍は城内から一日一夜機関銃や小銃で戦争です。それが八月二十日でしたが、南軍の兵士は割合に背が低いので城外にある屋根に登って城門の中へ五六人が入り込んだそうです。すると北軍は大変だというので、城の山下に立ち並んでいる家に火を放った。屋根の瓦を破ってそこから綿に石油をつけ火を移して家の中に放り込んだ、実に惨酷なことをしたものです。逃げれば銃剣で殺される、逃げなければ焼き殺される、ほとんど皆殺しです。幸い日本人は城内にいたのでその災難は免れました。

もう大丈夫だと思うているとまた掠奪です。今度は前のこともあるので、兵士の侵入を防ぐつもりで、石などを運んで来て門口や窓を固めていると、煉瓦壁に大きな穴を開け、そこから犬みたいに入ってくる。そして剣付鉄砲を咽喉に押し当て金を出せと言う。台所から出刃包丁を持ち出して脅かす、子供などはまったくたまげてしまうのです。

九江埠頭の悪劇

今回の引揚げに就いてはいよいよ避難引揚げの通知を受けましたのが午後二時頃で、翌朝は立たなければならぬと言うのです。それで何の用意もできずほとんど着の身着のままで引揚げました。私ども三人は九江まで来て大元という宿に二三日いましたが、経済のことも考えるので大東楼という支那宿に行った。その内に漢口から船が来たというので急いでハルクに来ると船は出た後なのです。

ハルクまでの途中は支那服を着て支那語で話していたので、苦力なども日本人とは気付かなかったのか、荷物は一円の約束で持って来た。ところが最初お友達の奥さんと警察署の角で待ち合わせる約束していたのが、その奥さんはとっくに船で立ってしまったことは知らないので、約束の場所に行って『奥さん、奥さん』と呼んでみたのです。真っ暗な所でしたが、すぐ日本人ということが分ったと見えて、ハルクに行ったら十五六人の苦力が待ち構えていて、荷物は一個二円でなければハルクに上げない、小さな手提でも二円だ、自分で提げても二円よこせ、よこさなければ皆川の中に放り込むと言うのです。やむを得ずその通り支払うと、今度は船賃を十六円出せと言う。船頭との約束は二円だと言うと船頭を捉えて、なぜそんなに安くするのか、これは日本人だ十六円でなければ駄目だとそそのかしている。船頭も居直ってしまって十六円出さなければこのまま引き返すと言うて脅かす。引き返されては大変なのでその通り払った。恐ろしい顔した奴が十六人、荷物の上に腰掛けて威張っているのです。まるで芝居のようです。

それから、やっとその一幕が済んだので、ボーイを大元旅館にやって様子を聞かせようとしたら、また苦力どもがやってきてボーイの手を握り二十円出さなければここを通さないと言うている。仕方ないから二十円出す約束してようやくハルクに上がって来た。いやもう大変な騒ぎの上に馬鹿な金を取られました。

後で水兵さんに話しましたら、早く呼んでくれればよかったのになど言われましたが、その時はどうにもできないしました随分遠くに離れていたのです。それから領事館でも心配され水兵が銃を持ってハルクに立ち番しましたら、苦力が一人も来なくなりました。そうでなければまた船に乗る時に取られるところでありました。(佐久間栄子氏談)

¶政府手製の偽造紙幣

漢口では中国銀行の紙幣は普通に流通されていたが六月以来にわかに信用を堕した。それは最近国民政府が北京より印刷機を取り寄せ、勝手に印刷発行したためで、外観は旧来のものと大差ないが、印色が少し淡いのと行長洪鐘の署名に少違あり、かつ旧幣には「現兌」という文字で兌換紙幣たることを示してあったのが新幣にはない。さてこそ即座に不通となったわけである。国民政府の無茶なことはこれ一つでも呑み込めねばならぬはずだ。外交部長の陳友仁が日本を諒解してるも何もないものだ。

漢口

漢口概説

位置 上海を距る五百八十八浬、揚子江を挟んで武昌と相対し、漢水を隔てて漢陽と接す。普通総称して武漢三鎮または武漢と呼ぶものこれなり。京漢鉄道並びに粤漢鉄道の起点たり。

歴史 武昌は中部支那における争覇戦の中心地として古き歴史を有す。最近までは督軍並びに省長の居城たりしも、現在は国民党武漢派政府の占拠するところたり。純商業地たる漢口及び兵工廠、鉄廠の所在地たる漢陽と相対比し、裁然別観をなせり。

産業 土産物を有せざるもいわゆる九省の会として中部支那における物資の大集散地たり。この外、紡績業、皮革業、蛋粉業その他近代的工業の見るべきもの少なからず。貿易並びに工業の発展地として多大なる将来を有す。

貿易 一八六一年（咸豊十一年）天津条約により開港以来急激なる発達をなし、支那五大貿易港の第二位を占め、ややもすれば上海の塁を摩せんとするの概を示せり。最近十余年間の統計に徴するにその貿易年額最低一億三千万両、最高二億九千万両の間を上下せり。貿易品の重なるもの左のごとし。

（輸出品）綿花、牛皮、茶、桐油、雑穀、卵製品など
（輸入品）綿糸、綿布、胴、石油、機械類、砂糖、海産物、雑貨など
在留邦人　男　千二百七十二人、女　千四十五人、合計二千三百十七人（昭和元年十二月末現在）
日本官衙　日本領事館　駐在武官室

空前の暴挙

水兵と子供の喧嘩

民国十六年四月、異郷にある人々にも春は訪れ、漢口市外の日本公園には桜が咲いた。折から の神武天皇祭日に日曜日を兼ねた三日は、照りもせず曇りもはてぬ頃合いの花見日和、それに数日来は市面も例になく平穏であり、打ち続いての擾乱に久しい間、外出さえも控えがちであった在留二千の同胞は、誰誘うともなく或いは公園に競馬場に、思い思いに春光を趁《お》うた。しかも何たる運命の皮肉ぞ、その日の午後、日本租界は突如として阿鼻叫喚の巷と化し、暴徒の毒手に仆れた同胞の血は真紅の花と散らされた。

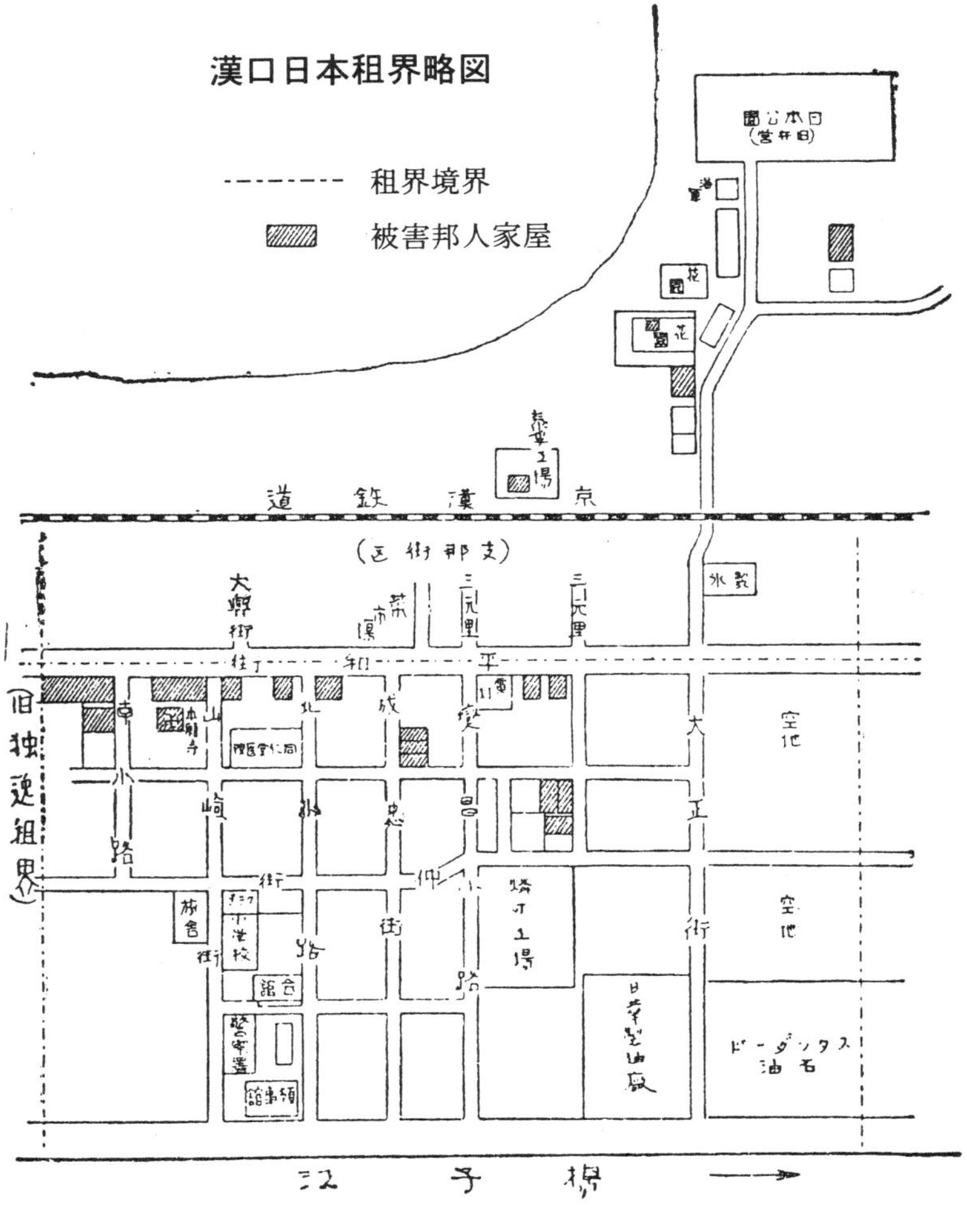
漢口日本租界略図
租界境界
被害邦人家屋
道　鉄　漢　京
(区街那支)
旧独逸租界
大正街
空地
江　子　揚

事の起こったのはその日の午後三時過ぎ、半日の散策に空気銃を手にした二名の水兵が、日本租界燮昌路の料亭「妻鶴」の横手に来かかると、街上に遊んでいた支那の子供が石を投げつける、これを追い払うとまた来て投げつける。そうしているうちに何処から出て来たのか三十位の支那人が食って掛かってきた。それとほとんど同時に附近にいた車夫の一団が、言い合わしたように殺到して水兵を取り囲み殴り始めた。水兵は言葉も分らず、何のことやら分らぬが事面倒と考えたのでその一人を突き倒し、近くの料理店「山吉」に逃げ込んだ。そこには二三の水兵が遊んでいたのがこの騒ぎに顔を出すと、『それ日本水兵だ、やっつけろ』とばかり、たちまちの間に野次馬も加わって、「山吉」とその隣家の「浪花食堂」は瞬く間に跡形もなく破壊されてしまった。

先に水兵のために突き倒された一人の車夫と、これを取り巻く群衆はこの咄嗟の際にも金儲けを忘れない。微傷一つないのに気絶を装うた。起き上がろうとすると側の群衆がこれを抑える。『日本水兵が支那人を殺した』『車夫がナイフで刺された』との謡言は電光のごとく各所に喧伝された。

当日支那側では農民協会成立大会が催され、各地からの工会代表も参加し、応援の各団体も混じって祝賀行列をやっていた。租界内に事変の突発した頃は、ちょうどこの一行が旧ドイツ租界から平和街に差し掛かる頃であった。もし憶測を許さるべくんば、この事実は、事端を作った暴民と労農団体との間にあらかじめ打ち合わせができていたことを証拠立てるものではあるまいか。しかしその詮索は何《いず》れともあれ、前記のような謡言にこの一団が時を移さず殺到したのは言うまでもない。

かくて半時を経たざるに、租界の三分の二は暴民によって埋められ、処々に喊声が挙がる、警笛が鳴る、格闘、乱打、悲鳴、叫喚、久々の安息日はたちまちにして未曾有の大厄日となった。

ここで少しく各租界地に就き説明を加える。各国租界は支那市街の東北に連なり、江岸一帯の要所を占めている。その中でも英租界は最も古く設定された関係もあり、一番枢要な地点にある。そのあとが露、仏、独、日の順序になっている。

今左に各租界設定年次並びに面積を示す。

旧英租界	一八六一年	七万三千坪
旧露租界	一八九六年	六万二千坪
仏国租界	一八九六年	三万四千坪
旧独租界	一八九五年	十二万六千坪
日本租界	一八九八年	五万坪

日本租界は一番遅れて設置されたために漢口市街の中心地帯すなわち英租界と支那街の接触地点を距ること最も遠い。従って商業区たるあたわずして僅かに住宅地としてその生命を保ってきたのであるが、それが堂々たる他租界と軒並みに置かれてあるのでことさら貧弱に見える。それはともかくとして、長方形五万坪の日界は西は旧ドイツ租界（現在は特別区と称す）を隣りし、北は平和街を中に挟んで支那街と接し、東方は支那人部落に限られ南は揚子江に面して

いる。今回の事変は実にこの長方形の中部一帯を中心に勃発し成長したものである。当日をこの中心地帯で終始した阿部氏の目撃談を左に掲げる。

警察署内の暴徒

事変当日は午後から二三の人々と知人の宅に集まって、対時局問題に就き民会を開く下相談をしていたら、領事館から五時に来るようにとの電話であったが、少し時間が早過ぎるので日本人倶楽部に立ち寄り雑談していた。そのうち四時過ぎたのでも少し待とうと言うているとにわかに喊声が聞こえる。中街に面した球場の窓下を覗くと大勢の支那人が険しい顔して江岸の方へ曲がって行く。その時が午後の四時二十分。すぐ倶楽部の表門に出て見ると隣の小学校の前に群衆が押し寄せ、中には入口に交叉した国旗に手を掛けている者もある。自分はこれを制止すると顔見知りの男がいて、実は今水兵が車夫を殺しここに逃げ込んだのだと言う。そこへ学校のボーイが中から戸を開けて、水兵はとっくに裏口から逃げたからここにはいない、何なら中に入ってみたらどうだと言う。群衆は皆まで聞かずドカドカと入ったが水兵の姿が見えないので皆出てきた。すると群衆の中から『警察だ』と叫んだと思うと、一団は雪崩を打って領事館の方に殺到した。その時まで自分はたいした騒ぎだとも思わず、その後から跟《つ》いて行くと警察の中は既に群衆で一杯になっている。

その中に暴徒の一人がイキナリ電話機を取って総工会本部を呼び出している。何言うかと思うと『今工友が日本租界で日本水兵のために殺されたので談判中だ、至急応援を頼む』と言うている。群れをなして日本官憲の公務室に乱入せるさえ沙汰の限りなのに、その電話機を勝手に使用して暴動を企てるに至っては、言語道断、いわゆる傍若無人の振る舞いとはまさにこれだ。日本の巡査も支那人巡捕も側にいるがまったく手の着けようがない。

そこでふと気がついたのは車夫の死体の始末だ。巡査にどうしたかと聞くと、既に人が一杯で現場に入れないから死体は取り出せないと言う。これはいけないと考えたので、待たしてあった自分の車で駆け付けると、漢口銀行の角に大瀬巡査——昨年の秋、暴徒の群れから瀕死の邦人を救出した剛勇な巡査が立っていて、手を振って止めている。どうしたのですと聞くと、暴徒は今浪花食堂と山吉の掠奪を始めたところで、とても危険で近寄れないとの話。そこで引き返して直ぐに総領事の室に飛び込んだら領事はバンドに行ったと言う。行ってみるとなるほどいる。総領事大変ですぞと言うと、イヤ分っとる、それよりも君大分激昂してるようだが、マアマア僕の室に入っていたまえと言って本館に導かれた。そして総領事自身はまた出て行く。残された自分はいろいろ気に懸かってジッとしておれないので、裏口から脱げ出て民団役所に行き、租界内ボーイを外出させぬように家々に注意書きを出さした。というのはこんな際にボーイどもが参加して騒ぎが一層に大きくなった前例があるからだ。

その頃は街上は群衆の人波だ。もちろん表通りは歩けないので裏手から学校の広庭を脱けて日本人倶楽部の裏口に行ったら戸が開かない。やむなく学校の人に二階から窓をこじ開けてもらって倶楽部の二階に入ると書記の高橋君がいて、今田中副領事が暴徒に乱打されそのまま引かれて行く所ですと言う。窓口から見下ろすと物凄いほどの人だかりだ。そこでまた領事館に引き返すと領事はやはりバンドに出ている。そしてしきりに沖合いの軍艦と合図でもしていた様子だ。『どうです』と言うと、『イヤモウ大丈夫だ、すぐ陸戦隊が来ることになっている』と言ってバンドを行ったり来たりしている。そのうちに十五名の水兵があがって来た。時計を見ると五時に五分前。

しかし既に警察の前まで押し寄せた黒山のような群衆に対しては、十五名では姿を見せるさえ危険だ。彼らは領事館の塀の蔭に身を隠して後続部隊の来るのを待った。やがて水兵を満載した数隻のジャンクが軍艦を離れるのが見えたので、もう大丈夫だと思いながら民団役所の二階にとって返した頃、三発の銃声が鳴り響いた。打ったなと思うていると群衆は見る見る中に四散する。急いで倶楽部に行って二階から見下ろすと、そこから目の届く限りほとんど暴徒の影もない。逃げるとなると足の早い者だ。隊伍を整えて進んで来た陸戦隊は倶楽部の角まで来て一隊を分って東進さした。鉄路外の海軍集会所にある水兵と附近の邦人救出に赴いたのである。それが拡張租界あたりまで行ったと思う頃、ドドッドッという機関銃の音だ。これは後で分ったが、一端逃げ延びた群衆がまた盛り返して沿途を荒らし、邦人を捉えて引きずりこみ危害を加えるので、海軍でも遂に火蓋を切ったのであった。この一撃で初めて租界は蘇生した。

（阿部善三郎氏談）

糾察隊の活躍

右の阿部氏の話にもある通り、当日の暴動は初め漢口銀行附近から倶楽部一帯を中心として行われたのであったが、あたかも山吉、浪花食堂が襲われると前後して山崎街の同仁会病院の前に差し掛かった三人の水兵とすれ違った一車夫が、一足行き過ごして置いて振り返りざま何事か一声叫んだ。と見る間に折柄倶楽部角の四辻を中心に騒いでいた群衆は、『それ日本水兵だ、やっつけろ』と叫びつつ一斉に押し寄せて袋叩きにかかった。中二人は巧みにすり脱けて倶楽部の方に逃げ延びたが、残った一人は天秤棒や石塊でしたたかに打ちのめされ、死体のようになって、そこに仆れてしまった。寄ってたかって殴りつけていた暴民は、手取り足取りしてかつぎ出したが、死んだと思うたのか路傍に遺棄して去ってしまった。

その時田中副領事は事変発生の現場を見て倶楽部前まで来たところを暴徒に取り囲まれ、群衆の中で日本領事だ、日本領事だと叫ぶ者あるに拘わらず、殺せ、殺せと口々に罵り喚きつつ、殴る蹴る突き飛ばす、散々に暴行した上で特別区方面に運び去らんとした。幸い通い合わせた国民政府外交部の役人で副領事を知った者のために救出されたが、顔は血ににじみ両眼は腫れあがり実に痛々しい姿であった。同仁病院の石井薬剤師が病院から出てくるところを、暴徒のために手取り足取りして攫《とら》われて行ったのもこの時であった。

群衆が最初に目当てにしていたのは水兵であった。従って最初に襲われた山吉、浪花食堂の如きもこれら水兵の逃げ込んだ家であった。しかし事変勃発後十分間とたたぬうちに、いやしくも日本人と見れば一人免がさず押っ取り囲んで殴打する。日本人の店と言えば手当たり次第に狼藉する。それも初めの間はそこに一団、ここに一団とバラバラに行動していたのが、いつの間にか指揮者ができ、群衆は呼子の笛一つで右往し左往する。水兵がかつぎ去られた頃に、特別区方面から疾走してきた数台の自動車に鈴なりになって乗っかってきた糾察隊は、その中の首領株らしき四五人の男が、銀製の口笛を片手に指導にかかると、直ぐに群衆の中に飛び込んで先頭に立つ。たちまちにして同仁会医院前の日本人青年会の建物の入口には赤旗が押し立てられ、附近一面を埋めた群衆はそれを中心に物凄き叫びをあげている。そのうちに指揮者の一人が手を挙げて領事館の方を指差すと、ドッと喚いて山崎街を真直ぐに江岸目がけて潮の如く動き出した。

その瞬間である。領事館前の埠頭に当って喇叭の音とほとんど同時に三発の銃声が響いた。これが先の阿部氏の話にあった五時過ぎた頃のことである。きびすを返した群衆はなだれを打って四散した。街上はたちまちにして一掃され、糾察隊の自動車もいつの間にか姿を消した。しかしそれは、ほんのひと時の静けさに過ぎなかった。平和街の東西に亘って前にも増した喊声が挙がった。一端銃声に怖気づいて引揚げた暴徒が、行きがけの駄賃に退路一帯の掠奪を始めたのである。

北小路、山崎街、南小路となだれ込んだ暴徒の群れは、本願寺を中心にした一廓と南小路から平和街にかけ鍵なりに立ち並んだ邦人商店を軒並みに襲撃し、平和街を東に進んだ一団はこれまた沿道の邦商を物色しては押し寄せる。山崎街から中街に出た一団は漢口日々新聞社ほか数軒を襲い凶暴の限りを尽くした。これら暴徒の襲撃は陸戦隊の上陸以前になされたものもあるが、いずれも徹底的にしかも巧妙に行われ、まず暴徒が凶器を以って手当たり次第に破壊すると、その後から苦力が来る、乞食のような女が来る。子供が来る婆が来る。来る者ごとに肩にかつげるだけ担ぎ、手に持てるだけは持って行く。瞬く間に一物も残さない。中には羽目板をはずし床板を剥がして持ち去った者もあった。

街頭の碧血

こうして掠奪をたくましくした暴徒は同時にまた幾多の惨虐をあえてした。

南小路から平和街に出る角の理髪店の隣家の田村氏の宅では、産後まもなく身を病床に横たえていた妻女が、暴徒の襲来と聞いて気絶してしまった。主人は二階にいたが暴徒に支えられて降れない。理髪店の城谷氏は変を聞いて駆け付けるところを暴徒に捉われ、かろうじて本願寺の土塀を乗り越えて免れたが、残された病女は暴徒のために蒲団を剥がれ足蹴にされた上に、醜い死骸となってそこに遺棄された。

同じ家並みの愛知亭では、妊娠五ヶ月の妻女が暴徒のために二階から引きずり降され、散々に殴打されて数ヶ所の負傷に血まみれになって仆れていたのを、おりから暴徒の包囲から遁れてきた隣家の一心堂主人に助けられた。その次の花井洋行は事変勃発後直ぐに戸を閉ざし、家内中が二階に隠れたとほとんど同時に凶器を以って表戸を毀つ音がする。続いて商店棚や商品の毀される音、大勢の罵り騒ぐ声がして二階にまで押し寄する気配がしたが、階段の仕切戸が固かったために断念したのか音もしないようになった。と思うまもなく盛んに煙が漏れてくる。火を放けたなと思うが如何ともしようなし。そのうちに隣の愛知亭では女の悲鳴が聞こえる。一同生きた心地もなく、息を潜めていると、南小路の方面に銃声が起こり、ドッという喊声とともに暴民が引き上げる様子、続いて店内を荒らしていた一団も逃げ出したので始めて階下に下り、水道をあけて火を消し皆で裏口から逃れて水兵に収容された。

この前後に本願寺に逃げ込んだ七八人の一団は、一室にこもって内から戸を押えていると跡を追うて来た暴徒に苦もなく破られる。次の室に退くとまた戸を破られる。こうして室から室を逃げ廻り最後に隣家の薄暗い一室に隠れ、椅子卓子などを積み上げて入口を防ぎ、本願寺の住持の最後の称名に一同覚悟を定めていたが、支那人ボーイが機転でこの室には病人がいると言うたので暴徒もそのまま立ち去った様子に始めて蘇生の思いをした。顔見合した一同の頬には自ずから熱涙が伝うたという。

僅々二十分くらいの間にこれだけの凶暴を働いた群衆は、勢いに乗じてまたもや南小路になだれ込み掠奪にかかった。そこには雑貨店、呉服屋、食料品店、貴金属店などが軒を連ねている。暴徒としては見逃せないところだ。各戸の運命は風前の灯火と迫った。危機まさに間一髪、ドドドッと音立てて打ち放された機関銃の弾は、猛り狂う暴徒の前面に火花を散らして四散した。急を聞いて駆け付けた陸戦隊が、南小路の四辻近くに機関銃を据え付け最後の処置を断行したのである。時の指揮官は岡野海軍中佐。当時海軍省は左の如く発表している。

(前略)副領事帰ラントスルヤ暴民ニ襲ハレ水兵ヲ追ヒ駆ク。陸戦隊ノ揚陸半舷上陸中ナリシモ急ヲ聞キテ陸戦隊ハ直ニ準備ヲ為ス。一週間以来甚シキ支那人ノ愚弄ニ慷慨シ居リ且ツ目前ノ暴行ヲ知レル乗員ハ期セズシテ総員上陸ヲ願ヒ直チニ準備ヲ整フ。時ニ午後四時頃一小隊総領事館前ニ整列ス折シモ数千ノ群衆小学校前迄来リ、小供《ママ》ヲ先ニ立テ赤旗ヲ振フ指揮者ノ下ニ喊声ヲアゲテ河岸ニ殺到セントス。陸戦隊直ニ道路ニ散開シテ小銃ヲ擬ス。先ヅ空砲ヲ放チ次デ数発ノ実弾ヲ射ツ。暴民雪崩ヲ打ツテ退却、掠奪シツヽ租界外ニ向フ。平和街ニ接近スルヤ頑トシテ退カズ。已ムヲ得ズ陸戦隊ハ本願寺ノ土堤ニ向ツテ機銃ノ威脅射撃ヲ行フ。群衆ハ痛ク殴打サレタル邦人四名ヲ残シテ逃去レリ。一隊ハ集合所ノ兵員収容ノタメ投石侮辱ノ中ヲ潜リツヽ実包威嚇射撃ニテ漸ク集合所ニ達シ、上陸員一三〇名ヲ収容、帰途鉄路外ノ邦人ヲモ収容租界内ニ引揚ケ二百名ノ陸戦隊ニテ租界ヲ護ル。更ニ電燈会社ニ機関兵ヲ派シテ運転点燈ス。

これを見るも当時の形勢のいかに危険に迫られていたかが分かる。かようにしてさしもに気勢を揚げていた暴徒の群れも、この一撃により蜘蛛の子を散らすが如く四散した。

これは後の話であるが、当日の暴動と共産党一味の脈絡を、事実の上に物語る絶好の材料がある。事変後三日後の四月六日に泰安紡績工場に監禁中の邦人救出の交渉がまとまり、同紡績側では総工会の連中とともに小蒸気船で橋口に行った。その途中で当日の暴動談が出たが、工会の者はその日幾人もの死者ができたと言う。会社側では当日海軍が射った機関銃は空砲であったから死傷者が出るはずがないと言う。するとこの問答を聞いていた工会側の一人がムキになって言い出した。『イヤあの時の機関銃は確かに実弾だ、即座に仆れた者もあるし、負傷した者は数え切れないほどある。現に我々の総工会委員長向中発先生も外套の裾を機関銃の銃弾で打ち貫かれている。これが何よりの証拠だ』と得意げに詰め寄った。恐らくこれはウッカリしゃべったのであろうが、向中発といえば湖北総工会執行委員長で共産党での錚々《そうそう》たる人物だ。それが当日の群衆に混じっていて外套の裾を打ち貫かれたと言えば、共産党一味が策動し指導していた『何よりの証拠』だ。しかもこれを暴虐の総元締めたる工会連中の口から聞き出したのは、紡績会社側の何よりの手柄であった。

他租界の狼藉

機関銃の一撃により租界内群衆の掃除ができた。と見る間に各戸から飛び出した邦人婦女子は、誰誘うともなく、まだ消え失せぬ砲煙の匂いの中を大正会館さして押し寄せた。飯椀や箸を持ったままで駆けつけた者、細帯一つで逃げ出して来た者、血に染んだ手拭で包帯した者、びっこ引く者、老幼さまざまの男女でたちまち一杯になった。その後の租界は引揚げ者の処置、警備の手配、食事の準備に、やはり戦場のような混乱状態が続けられた。

こうした混乱の半ばに、西の方はるかに火の手が上がった。旧独租界の三井木行に暴徒が火を放ったのである。大事に至らず消し止めたが一時は租界内はこのためにいやが上に騒ぎを大きくした。

陸戦隊によって租界を追われた群衆は、続々として支那街に引揚げる途すがら、やはり邦人の店舗を見逃さなかった。三井木行を襲うたのもそれである。さらに日ドイツ租界の、西口、田島の両靴店、仏租界の共益洋行などは、租界内の各戸にも劣らぬ危険と惨害を受けた。仏租界で雑貨商を営業していた共益洋行主人湯浅氏は語る。

三日午後四時頃日露、租界の友人宅に居たら日本租界から水兵と車夫の衝突を電話してきた。

友人と相談して重要書類など始末しておくことにして店に帰った。途中で糾察隊十数人を乗せた自動車が日本租界方面に向けて急速力で走るのを見た。

店に行き着いて五分間も経たぬうちに、またもや三十余の糾察隊が東に向って急ぐ、その後から二三百人ほどの群衆が続く。その頃までは店の附近は格別変わったこともない。これらの糾察隊は租界鎮撫のために行くものと善意に解釈していたくらいであった。当日は農民協会か何かの成立大会があり、これに参加した各地の労働代表を歓迎するとかで、附近の支那店舗は大半店を閉めて休業していた。平素同租界では事変の際には必ずフランス警察から店を閉めるように布令を出す。しかし当日の支那店舗の閉店は主意が違うので気にもかけないで居ると、日本租界の知人が飛び込んできて、『競馬場帰りに大智門の四辻まで来るとにわかに車夫が車を止めて、今我々の仲間が日本人に殺された、こうしているとお前も大変だから下りろと言うので逃げて来た』という話。しばらくすると二人の日本水兵を後ろ手に縛り大勢で引き立てて総工会本部に連れ込んだとの噂が伝わってきた。

いよいよ物騒だと感じたので店の戸を閉めようとするところに、人相の悪い三人の支那人が飛び込んできて、旦那は車夫事件を知ってるかと言う。今聞いたと答えると、どんな仕返しするかも知れぬから早く閉めろと言う。そしてキョロキョロ店内を見廻す。なんだか不気味だが外はますます騒がしそうなので思い切って閉めた。すると通行人が言い合わしたように店の前に足をとめたが三人の支那人が出て行って追い払った。妙に親切なことをすると思うて見ていると、旦那は見忘れてるか知らぬが、自分どもはかねがね買い物に来てよく旦那を知ってるので注意しにきたのだと言う。なるほどよく見ていると見覚えあるも道理、毎日のようにサックか何か買いに来る近所の女郎屋の主人どもだ。もちろん無頼の破戸漢である。厄介なやつに見舞われたと思うたが仕方がない。そのうちに何だかそわそわして外に出てみたり、また戸を閉めたりしていたがしばらくすると大分人も減ったようで安心と思うからお暇すると言う。そして酒手一ドルをくれと切り出した。気味悪いほど軽少だが増してやる必要もなし、その通り出してやると店内を見返り見返り出て行った。

前後の事情が大分気になりだしたのでまた日本租界に電話したら、今度は既に不通で日本租界の様子はサッパリ分らなくなった。外は相変わらず騒々しい。それで表戸をあけるのは危険なので二階の戸のシャッターをあけて覗くと、路上に立佇った群衆が皆店の方に向っていて、自分がシャッターをあけたのを気づいたのか、二階を見上げて何か言うている。なんとなしに危険が予感されたので書類、帳簿、金庫などを一まとめにして二階に持ち運びおき、しばらくして外を覗くと大分人も減っている。それが午後の五時半頃であった。

今のうちに夕飯にしようと言うので三十分くらいで済まし、店に出て腰を下ろすと店の入口の上のガラス戸に大きな煉瓦の破片が飛んできた。続けざまに二三個ぶつかったと思うまもなく戸外に喊声が上がり、正面の戸を打《たた》き破る音がする。いよいよ危険が切迫したので、足の不自由な妻女をボーイに背負わせ、友人を先頭に裏門口から飛び出し、近くのフランス警察署に駆け込んだ。後から十四五人が追跡したようであったが、フランス警察の巡査が追っ払ってくれた。

落ち着いて見ると、これも競馬場帰りに群衆に追い掛けられた日本人三人が避難している。そのうちに署長が応接に出て来たので、店の方の手配をしてくれるかと思うていると何の沙汰もないようだ。様子を見るとむしろ支那の群衆が日本人取り戻しに押し寄せしないかを恐れているようであった。それかあらぬか皆を招じて奥の部屋に入れ、仏租界内在住の日本人数を問い糾しなどしたが、まもなく巡警が三々五々在留民を連れ出してくる。夜になって五十余名の多数が集まった。皆急場なためにバスケット一つくらいしか持ち出せない。その間にフランス領事も出て来て、各室から椅子を集めさせたり茶を勧めたりしてすこぶる親切に取扱ってくれた。

自分は店が気がかりなのでボーイをして探見さしたら、暴徒が店内に押し寄せて掠奪最中とのことなのでいよいよ引揚げに決心した。フランス警察から日本領事館に電話で交渉の結果、小蒸気船で救出に行くという返事だったがなかなか来ない。再三電話してみてもだめだ。皆憤慨するがどうにもならない。そのうちに幾度目かの電話でようやく利泰嗎頭に汽船を廻したことが分った。そこでフランス領事の意見で、多数の日本海兵に来られては面倒を惹起す恐れあるから、安南人の巡査で護送すると言うので二十人余りで前後を護衛し江岸まで送られた。

その頃はあいにく烈風で小蒸気船がうまくハルクに着かないので、皆非常の危険を冒しようやく乗り移ったのが夜の十一時半であった。江岸までの途中では夜遅いのではありほとんど妨害者もなかったが、皆が船に乗り込んだ前後に埠頭の支那人から酒手を強請された。こうしてまずまず無事で五十幾名は大福丸に収容された。（湯浅九三二氏談）

帰路を絶たれて

久々の行楽に郊外に出て帰るを忘れた人々の困難は、また格別なものがあった。当時の遭難者の直話を左に掲げる。

四月三日の事変当日は二人の友人と郊外に出て夕方帰ろうとすると、支那人の馬車屋で顔見知りの者があって、今日本租界は支那人と日本水兵の衝突で非常の騒ぎだから、今行ったのでは命が危ない、つい今しがた行った日本人は途中で殴られていたが、どうなったか分らぬと言う。それだけの話では詳しいことは分らぬが、とにかく水兵と群衆と衝突したとすれば容易ならぬ問題だ、普通の道を行くのは危ないというので、まず間道を取って日本公園に入ることにした。すると同じ方面に出ていた二三人の連中と途中で一緒になった。そこで考えたのは公園内の日本人住宅に電燈がついていればまず大丈夫だが、もしそうでなければ公園に入るのも危険だというのでお互いに相戒めつつ公園の土堤下まで来ると電燈は見えない。そっと住宅附近を覗いてみると七八人の支那人がやってくる。薄暗がりで何者か分らぬが、いずれにせよ身体をむき出しにして行くのは危ないので、皆が樹木の蔭に隠れつつ進むことにして土堤を伝うて乗馬会の厩舎に行き着いた。そこにいる馬丁頭の支那人は知り合いなので取り敢えず様子を聞くとやはり途中の馬車屋の話と同様である。そして今は支那軍隊が出て固めているから通行はだめだ、ここで今晩を明かしたらどうかと言う。しかし馬と一緒の宿という訳にもいかず、それに家内のことが気にかかるので皆で相談の結果、領事館に通じて自動車なり何なりで救出してもらおうというので支那人を密使に出したが、三人出したのが三人とも通行止めだと称して引き返して来る。電話は無論切断されて通じない。はなはだ困った。夜はだんだんに更けてゆく。
そのうちにまた二人のやはり郊外に出ていた者が加わった。その話によると最初三人で歩いていたが、途中で四五十人の群衆に襲われ命からがら逃げてきたが、その中の伊藤某氏は群衆に捕われ今頃は殴り殺されてるかも分らぬと言う。これを聞かされた一同はますます気味悪さが募る、しかしどうすることもできない。厩舎の薄暗い電燈の下で顔見合わしては吐息をついていた。そこへ民団吏員の一人が公園内の住宅にこっそり帰ってきたので大体の様子が分り、租界内もほとんど群衆は退散して現在は大した危険はないと言うので、八人の者は始めて力を得て公園を出で途中で支那の巡警に護送され、首尾よく日本租界に入ることができた。
さて自分の家に帰ってみると家中はがらあきである。妻女の影も見えない。何がなにやらさっぱり分らぬ。そのうちに友人が来て皆汽船に逃げたから早く行けというので、公園に残った四人の救出方を領事館に届け出で、船に行くと避難民のすし詰めである。女子供は極度の恐怖に脅えている。人間と人間が重なり合うたようにして込み合うている。中には病人もあり実に悲惨なものと思うた。ようやく妻女を尋ね出したが、着の身着のままではあるが無事に避難していたので、自分は早速義勇隊に出ることにして、一応家に帰り服装を改め夜の十二時から陸戦隊の歩哨と一緒に任務に就いた。（桜井悌吉氏談）
このほか郊外なり競馬場なり出かけていた人々で、群衆のために帰路を絶たれ、やむなく知り合いの支那人に頼んで支那服に着替え、雑踏に紛れてようやく租界に入った者、見つかって袋叩きにされ、散々の体で脱け帰った者、そのまま捉まって引き立てられた者など、惨劇は処々に演ぜられた。当日の死傷者は筆者には正確には分らぬが、死者一人、重軽傷者四五十人と称せられている。

捕われた人々

最後に特筆大書して記念すべき事柄がある。事変勃発当日、暴徒のために拉致せられ、一時はその生死をさえ懸念された者に水兵十一名と、石井小兵衛（同仁会病院）石田倉之（三井木行）杉田悌蔵、服部又次郎など数氏があった。これらは皆群衆のために包囲され散々に殴られ、こづかれした上で、手取り足取り引きずり行かれたもので、皆フランス租界外の総工会本部に監禁された。四月十一日海軍省着電によれば左の通り報告されてある。

　水兵六名ハ事件ヲ知ラズ又飲食店ニアリシ者ニシテ散々殴打サレタル上、総工会ニ監禁サル。唐生智四日朝之ヲ聞キテ直ニ軍隊ヲ派シテ之ヲ引取ル。総工会之ニ対シ、日本側ニ有利ナル條件ヲ容レシムル人質ナレバ、此儘返サバ承知セズト云ヘリ。唐ハ之ヲ日本側ニ送ラントセシモ糾察隊、衛戍司令部ヲ監視シテ渡サズ、軍隊ト糾察隊衝突セバ途中負傷者生ズベク、完全ニ送還方総領事ト協議、七日夜漸ク取戻シヲナスヲ得タリ。

或いは人質だと称し、或いは軍憲の命令にも反抗する、これではまったくの土匪である。石井氏ら数名は領事館より支那側に厳談の結果、ようやく四日夜十二時に釈放されて帰ってきたが、監禁中は足と足を麻縄または鉄鎖でつなぎ合わせ、まったく囚人同様の取り扱いを為せる上、時々青龍刀を鼻の先に突き付けては散々に愚弄した。殊に我水兵に対しては極度の暴虐を加えた。総工会に監禁中は石井氏ら同様の迫害を受けたのはもちろん、その当初は帽子も所持品も奪い去られ、兵服のままで後ろ手に縛り上げ、群衆悪罵の中を総工会に曳かれたとも伝えられている。しかして当時の支那新聞にはこれらを指して『捕虜』と書いてあった。

ああ、幾多の我同胞は、千里の異域においてこうした暴虐に苛まれ、こうした侮辱にさらされているのだ。

¶向う飯で罷業

昨年十一月に漢口日本人印刷工場の支那職工が罷業した。もちろん総工会の尻押しで不当な要求を持ち込んだのである。工場では即座にこれを刎ねつけた、そこで罷業となった訳だが、さて罷業するならサッサと出て行きそうなものだがそうではない、依然として工場で寝起きもすれば三度三度の食事もする、しないのは仕事だけだ。これら職工の中には十年以上も使っている者もある。こうなれば義理も人情もない。こうして約一ヶ月、朝晩に工場主と顔合わせながら対峙していたわけだ。結局工場主が根負けしてけりがついた。

以上は当日遭難の概況であるが、その次に租界外居住者の救出、事後の迫害、引揚げ前後の混雑など語るべき多くの事柄があるが、それに先立ちて事前にさかのぼり少しく記述を試みることにする。

工会と共産党一味

大正十五年十一月、漢口においては日本人使用のボーイ、阿媽（女中）などの罷業と暴動事件が起こった。九月、国民革命軍が武漢の地を占領する前後から、国民革命軍側では盛んに労働者を煽動し、埠頭人足（嗎頭苦力）人力車夫、工場職工、賃仕事職人らは固より、商店員、小僧から便所掃除夫に至るまで団体をこしらえてやり、これを何々工会と称し、爾来一二ヶ月の間に会数二百数十、人員二十万を唱うるに至った。しかしてこれらの団体を統ぶるに総工会があり、共産党内で相当顔ぶれの者がその牛耳を握り、場合によりては国民政府と相拮抗しかねまじき気勢を形成した。

工会が――というよりもむしろ共産党一味がといった方がよいかも知れぬ――これだけの勢

いを成すについては、見逃すべからざる一つの力がある。それは総工会がこしらえた糾察隊である。兵士と職工の合いの子のような服装で六尺棒を持たしてある。表面の任務は労働者の取締りと罷工運動の逸規行動を制御するということになっているが、その実は内部的には労働者の工会参加を強要し、散逸を防遏《ぼうあつ》し、外部的には罷業運動を指導し、場合によりては工場側に対する脅迫暴行の先鋒を為すものである。その隊員の資格も労働者中の教養あるものということになってはいるが、やはり無智凶暴の徒が多い。工会の数が殖えるに連れて糾察隊も膨張し、いつの間にか三千人以上を算するに至り、これまた場合によりては軍政府の軍隊と相対峙するかとも見えた。けだし腹心の軍隊を持たない共産党一派としては、この種の機関を作ることは賢明の策であった。

日本租界においては、在留邦人が大して気にもとめない間に使用人、すなわちボーイ、阿媽などの工会ができた。これは外国人関係であるというので洋務工会と称せられ、租界に隣接した支那街三元里に事務所ができ、常任委員が詰めきって事務を執る。それに我々をして目をそばだてしめたのは、洋務工会で毎日早朝にボーイらを集め兵式調練をやることであった。これは全部に強要するのではなかったが、それに参加しておけば出世ができるとでも聞かされたのか大分隊員ができたようであった。

こうしてボーイらの結束と反抗機運を煽りつつあったが、果然、十一月半頃に至り洋務工会の名を以って日本領事館を介し、使用支那人の給金値上げを要求してきた。日本側でこれを容れなければ全部の罷業を断行する旨が付け加えられてあったのは言うまでもない。しかもその回答期間は三日以内という横着きわまるものであった。彼らの要求条件なるものに至ってはまったく人を食ったものである。曰く、毎人七元を増給せよ（従来はボーイ一人の月給は六七元内外だ）一年三週間の休暇の外、毎月二回の休日と紀念デーは休業せしめよ、端午節と中秋節には一ヶ月分の給料を賞与せよ、薬代を払え、住宅水道電燈を支給せよ、曰く何、曰く何。北京、天津、満洲などに居住せる日本人には想像もつかないほどの横着さである。在留邦人側では居留民大会を開いたり交渉委員を挙げたりしている内に、工会側では罷業を決行した。先に述べた糾察隊活躍横行の日が来た。

いかに支那人とはいえ、長年世話になった主人先ではあり、十人が十人とも工会の命令に応じて罷業するというわけではない。多数の間には隠れ逃げして参加しないものもある。それらは糾察隊が来て容赦なく引っ張り出す。一体これまでは租界の権威は内外人ともにきわめて厳格に認められ、かつ保たれもした。支那人に限らず武器またはそれに類似した物を持ちて租界内に入ることは、断じて許されなかった。またこれに違反した事件もなかった。然るにこの時以来、糾察隊なるものは六尺棒を小脇に傲然として租界を闊歩した。甚だしきは罷業不参加の者の捜索と称し裏口から覗くはおろか、三井物産の某社員宅の如きは、妻君一人の室内に闖入し押入れや戸棚を開けるなどの乱暴をあえてした。その一方において罷業者には一日四百文宛ての日当を給しその糾合を図った。

こうして日本人は全部使用人を引上げられ、甚だしきは乳母までが引上げられたために乳児を抱えて途方に暮るる者もあった。そこで日本人側ではやむなく自身で食糧品などの買出しに出かける。すると商人では快く売る。大正十二年の排日当時のような『絶対不買』など野暮は言わぬ。大いに売るには売るが、しこたま買い込んで帰るところを途中で待ち伏せて手籠ぐるみ掠奪する、ひっくり返す、婦女子には悪戯をしかける。後には糾察隊や無頼の徒が店先に来て値段を指図する。争うて見ても詮ないので法外な値を払わされる。平常は精々一個二十文位の鶏卵が一ドルの言い値で五百文に買わされたものもあった。しかもおまけにそれは途中で強奪されるのだ。

ある飲食店では客用の牛肉をたくさん買い込んで帰るところを糾察隊に奪い去られたが、糾察隊ではその牛肉を支那街に持ち運んで売り飛ばしたり、日本人見真似のスキ焼きで大勢が舌鼓を打ったりしたという。次に旧ドイツ租界にある酒商では、内地から届いた数樽の日本酒を船から受け取って同租界五嗎頭まで運んだところを革命軍の兵士に押えられ、通過税百二十ドルを要求されたが払おうにも金策できず、しばらくそのままに放任した。

川本洋行事件

さらに暴虐きわまるのは十一月二十日に起こった川本洋行事件である。日本租界高昌里と平和街の角にある同店では、支那人米屋から買い入れた米四俵を届けてもらって、そのうちの二俵を店内にかつぎ込んだところに糾察隊が来てあと二俵を入れさせまいとする。もちろん、日本人には米を買わさぬというのである。しかしこれは巡捕の仲裁で収まったが、あくまで横着な糾察隊では米を運んできた苦力が同店に入ったのを出せと言う。そのうちに二三十名が店内に押し入って苦力を引き出しにかかったので争闘が持ち上がり、ショーウインドウや戸口のガラスは壊される、店品は奪われる、主人は群衆に取り囲まれ散々に殴打された上に、いつの間にか黒山のように群がった人ごみの中に引きずり込まれた。側に居合わせた日本人もまごまごすれば巻き添いを食いそうなので手が出せない。そのうちにますます群衆は増す、騒ぎは大きくなる。支那軍隊も駆けつけたがほとんど救出の途がつかない。十分二十分と息を殺してその消息を待つ家族の人々はもちろん、はたの日本人にも今は絶望的な悲痛に閉ざされた刹那、気息奄々としてほとんど死人のようになった川本氏が、日本領事館警察署巡査永松、大瀬両氏に助けられ、人波を分けて現われた時には、支那人までが覚えず歓呼の声を挙げた。最初両巡査が馳せつけた時は平和街から大興街後方かけて集まった数千の群衆は、日本巡査を殺せと騒ぎ立てたが漸く身を以って免れ、大興街の後方にある工会本部に飛び込み談判の結果、無事救出することを得た。もし両巡査が途中で群衆に阻まれるか一刻後れるかすれば、恐らく由々しい大事を惹起したに相違なかったであろう。しかして彼らの迫害は我が同胞の子供にも及んだ。

当時の「漢口日報」にこんな記事があった。

支那人子供が投石する

日人使用支那人の罷工以来頑是ない支那人子供までが邦人を蔑視し、通行中悪罵を浴びすることは珍しくない。最近日本租界附近の支那人子供は、邦人子供が多く本願寺の内庭に集まり遊んでいるのを知り、潜かに石を携えて近寄りこれを投付けては逸散に逃げ去るものあり、すこぶる危険であるから子供を持つ親たちはこの際万一を慮り充分の注意が肝要である。

（十一月二十四日）

さらに奇怪なのは、小学校児童が通学途上で支那軍人に銃砲の台尻で突かれたり打たれたりした事実があり、鉄路外の日本人家屋に糾察隊が闖入した時に支那軍人が同行したこともある。実に物騒きわまるものであった。

こうした日が一週間続いた。その間在留民は領事館とともに極力折衝に努めたが、結局隠忍自重主義を基調とする大譲歩によって結幕となった。この事件以降は日本人と使用支那人との間はまったく主客顛倒、ボーイが主人か使用人か分らなくなった。何々工会の成立祝賀会だから暇くれといえば出してやる、何々紀念日というては出て行かれる。行かないと糾察隊が引っ張り出しに来る。朝早くから銅鑼を鳴らし『八時までに集まれ』と怒鳴って歩く。戸の閉まった家は叩き起こす、足で戸を蹴る。不参者は二ドルの罰金、中には「工賊」など書いた色紙を背に貼り後手に縛って街上を曳き回された者もある。

孫文紀念日には、やはり各工会を網羅した行列があったが、当日領事館では領事付のボーイか何かを参加させなかったために、糾察隊が出張ってぜひ出せという。一体十一月の協定では、用がある時には出さないでも宜いことになっている。にも拘らず強要する。遂には六尺棒を揮って暴れ出し、そばにいた書記生は眼鏡を毀され負傷した。いやしくも外国の官衙に押し入るさえ不都合なるに、凶器を揮って狼藉を働くに至ってはまったく言語同断である。しかもかようの事柄はこれまでは全然なかったことで、いかに彼らの対日観念が悪化せるかが分る。

支那人の日本観

在留日本人並びに日本官憲に対するこうした侮辱、迫害が大胆に露骨に行わるるに至ったのは、その近因としては前にも言う通り国民革命軍、殊にその中の重要分子である共産党一味の策動を挙げねばならぬが、事今日に至るまでの下地は、決して一朝一夕に出来上がったものではない。以下少しくこれについて述ぶることにする。

由来漢口は日本人との経済的関係が錯雑しているだけそれだけ排日気勢も旺んである。大正四年、八年、十二年の排日は、支那年中行事の一つにまでなっている排日盲動の中でも、最も猛烈でかつ執拗なものであった。なかんずく八年と十二年のは一は上海、一は漢口を中心として揚子江流域全般に亘り猛威を逞しくしたが、その十二年の排日以後は珍しくも、少なくとも漢口においては格別の騒ぎもなかった。しかしそれは表面に現われなかったまでで、根深く植え込まれた排日観念は年々に根を張り枝を広げていた。これは無神経者でない限り、在留邦人の誰もが頭に響いていたことと思う。

こうした積年の排日が支那人、殊に大多数の無智な支那人の頭に詰め込んだものは何か、簡単にこれを列挙する。

一、日本は小国でありかつ物資に乏しいから、支那との取引、殊に支那からの原料その他の供給を待たなければ、恐らく一ヵ年と自立できないこと。

一、故に日本は常に領土的野心と盗賊的成心を以って支那に臨み、既に朝鮮、満洲、台湾、琉球を支那より奪取しなおその爪牙を磨きつつあること。

一、しかし日本は戦争には強いが、今後は英米との関係上、すなわち支那と争うことは英国または米国を敵とする結果に立ち至るが故に、容易に兵を以って臨むことは出来がたきこと。

一、狡猾なる日本は、ここにおいてか日支親善、経済提携などの美名を捏《ねっしゅつ》出し来たり、支那朝野を欺瞞し、豺狼《さいろう》の野望を遂行すべく努力せること。

我々から見ればいかにも幼稚な、そして子供だましの観念に過ぎないが、支那人の大多数がこれに聴従せるのみか、彼らの指導者たる智識階級までがその如くの考えを抱いている。こういえば内地にある人々は信じないかも知れぬ。余りに馬鹿馬鹿しく子供じみた話であるために。しかし左の一文を見よ。

第一次大局討論会外交報告（孫科）

南京事件発生後帝国主義者は五カ国通牒を提出して我々に該事件の責任を請わんことを要求した。五カ国通牒に対する回答には必ず調査を経て、もし証拠確実ならば始めて賠償及び種々の責任を負うべきことを述べた。帝国主義者は三日以内に回答すべきことを要求したが、我々が回答を発して以来既に二週間にもなるが、彼らはかえって何らの表示をもしない。なぜ彼らは三日以内に回答を要求しながら、回答に接して二週間経過しても何ら表示をしないのであろうか。彼らが遷延決しない理由は、すなわち各帝国主義者が我々の回答に対して如何に表示すべきかにつき一致することができず、彼らの間に利害の衝突があるからである。いずれの帝国主義者たるに論なく、支那に対して完全に侵略政策を採用することは容易でないということを痛感している。彼らが連合して一致の行動を採ろうとすることは更に非常な困難を伴う。欧州戦乱以後各帝国主義者は大半一回の恐慌時期を経過したが、現在ではもはや比較的安定を見ている。それは極めて重大な経済的恐慌が伏在していまだ爆発しないにすぎない。（中略）帝国主義者としては英米のほか、指を日本に屈せねばならない。しかも我々との利害関係は他の帝国主義者よりも更に密接である。我々は特に明晰な頭脳を以って厳正な討論をなさねばならぬ。日本は一小国であって人口が極めて多く、その出口がなければ生存することが出来ないが、米国に行こうとすればそこで排斥され、豪州に指を染めようとすればここも塞がっている。朝鮮方面に発展することは出来るが、その主要なる移民地はやはり支那である。次にその工業には市場を必要とする。その太平洋上における地位は堅固に維持せねばならない。この三方面の要求が日本朝野上下の一致した心理である。（中略）

日本の商工業資本派は早くも不平等条約がその貿易を制限し、租界以外に発展するを得ざらしめていることを知っている。彼らは不平等条約の取り消しと、民族主義の支那がその合法的貿易を承認せんことを希望しており、彼らのこの希望さえ達せられたなら必ず満足するのである。すなわち若槻前首相も平和的了解を主張し、貿易の可能を主張していた。日本の商業家は、軍人派が支那問題に対して解決の方法を有するも彼らの希望を達せしめ得ないことを明らかに知っている。なお彼らの過去の経験によって、軍人派の支那軍閥操縦策はただ十五年間の混乱を造成したのみで、日本の商工業発展にいささかの利益もなかったことを知っているので、彼らは再び支那をして長年の混乱に陥らしめることを希望していない。

日本商業の近況を見るに、輸出において二億六千万円を減少し、輸入において二億円を減少し、財政上の恐慌もようやく台頭している。今年の貿易も昨年に比して減退するであろう。かかる状態は果たして軍人派の解決し得るところであろうか。

日本がその経済的難境を解決しようと思っても、軍人派と張作霖、蒋介石との結託によっては決して成功しない。ただ三菱三井などその一派の人々と国民政府と連合して始めて効を奏し得るのである。商工業資本派も田中内閣の政策が成功し得ないでかえって支那を混乱に陥れその商工業を妨害することを知っている。そこで憲政会や政友本党は既に連合して田中内閣攻撃を準備しつつある。

この一点から見て我々の政策を決定することができる。我々は一方日本の商工業派に対して、その商工業が国民政府の治下において合法的発展をなし得ることを許すと同時に、他の一方日本内部の各派が連合して我々と反対することを防止せねばならぬ。現在北方に行けば行くほど日本の勢力と接近するから、決定した政策を更に積極的に進行せしめねばならない。この署名者孫科氏は実に孫文氏の令息であり欧米に学んだ新進政治家である。武漢国民政府においては交通部長の要職を占めている。この人にしてこの言あり、大多数の無智な民衆に日本を蔑視し迫害する気持ちの起こるのは無理もない。彼らは日本は何を言われても付いて来ると信じている。少々怒らしても刀を抜かないと定めている。彼らの今日の心持ちは浅野内匠頭長矩を苛めつけた吉良良英の心持ちと思えば大差ない。たとえ松の廊下の刃傷沙汰が突発しても、英米という国が控えている以上、たちまちに主従は切腹、お家は断絶だと多寡をくくっている。支那人が多寡をくくっているばかりではない。事実これまでの幾年月かは日本も刀が抜けなかった。あらゆる侮蔑、あらゆる横着をきめられても、歯嚙みさえ為さなかった時代もあった。さてこそ事件は頻々として起こった。我々の記憶せる漢口地方の事件だけでも左の如き多数に上る。

邦人の横死と惨害

租界ボーイ領事館襲撃（大正十三年一月）

日本人商店東孚洋行使用支那人田種香なる者、ある事故により領事館警察に引致取調べ中、留置場にて縊死したのを日本人巡査が殴打して死に至らしめたのだと強い、租界内のボーイを糾合し領事館に押しかけ、石を飛ばし天秤棒を揮い狼藉を極め、警察署長は群衆裡に引きずり込まれ殴打さるるに至り、遂に義勇隊、消防隊のほか、軍艦より陸戦隊上陸しようやく事なきを得た。これは支那群衆が日本領事館に殺到した初めての出来事である。

水谷氏の横死（同　十四年六月）

六月一日の英租界暴動に際し英租界湖北路一帯の日本商店が全部掠奪破壊せられた際に通関業者水谷氏が暴民の包囲するところとなり、脱出する間もなく天秤棒、石塊などにて打ち殺され路傍に遺棄されていたのを救出し、病院にかつぎ込んだがその時は既に駄目だった。

松永氏の横死（同　十四年十一月）

正金銀行漢口支店員松永氏は日曜日武昌郊外に銃猟に出かけたまま行方不明となり、邦人総出で捜索したがただ同氏の愛犬が悄々《しょうしょう》として江畔に惶《まど》えるのを救出しただけであった。確聞するところでは、武昌近郊にて不逞学生と衝突し格闘の末遂に所持の猟銃を奪われ、それで射殺された上、死骸は各所に転埋せられ遂にその所在さえも不明になったという。

川本洋行襲撃並びに罷業（同　十五年十一月）

これは前に詳述せる如く支那人の横暴と対日人観念を最も露骨に表した事件である。

三宜洋行襲撃（昭和元年三月）

漢口大智門外三宜洋行においては突然暴民に襲われ店舗、居室、倉庫とも全然破壊掠奪された。当初は附近の農民らしき者に女子供も混じり垣根や立ち木を抜き取りにかかったので、店の人が制止すると、たちまち多数の群衆殺到、屋内に押し入り階上階下一物を止めざるまでに掠奪した上、畳、建具を剥がし、床板、窓ガラス、窓枠までも取り去り、内外ともほとんど原形を留めざるに至った。掠奪した品物のうち、ストーブの如きはまだ火がおこっていて外囲の鉄筒は焼けて火のようになったのを、平気で担いで行った。支那人の貪欲は際限がない。

侮蔑と凌辱

以上のほか、三峡の上流において土匪のために船長は殺され、二名の船員は人質にせられ一年後に十万円の身代金を支払うてようやく救出された有名な宜陽丸事件、頻々として行わるる支那軍隊の日本汽船射撃、無賃乗船強要、その他各地方で起こった大小の事件を挙ぐればまったく屈指にいとまない。しかもこれら事件の多くは事実上泣き寝入りになっている。関係官憲よりそれぞれ抗議なり賠償要求なり提出してはあるが、大部分は幾年経っても未解決である。

かようの事実は支那人の頭にいかに響くであろう。いうまでもなく結局殴り得だ、殺し得だ、奪い取っただけが得だという考えを助長したに相違ない。由来支那人ごとき現実主義の国民には即賞即罰を必要とする。悪事を働いた現場を押えての懲罰にはいかなる厳刑も甘受する。これまでの英米人はこの呼吸を呑み込んでいた。かの英国軍艦の四川萬県砲撃事件の如き、喧々囂々と騒ぎ立てたのは無関係の他地方人で、肝腎の萬県市民なり当の相手の軍隊なりではむしろ英艦の大砲の威力に戦き恐れたと称せられている。

我が日東の君子国は、ややもすれば殴られてお辞儀をしてきた。前にも言う如く、怒らされても刀が抜けなかった。彼ら支那人の前には、蕞爾《さいじ》たる三島の木履児《もくりじ》はどこまでも甘いものにされてしまった。殴られても打たれても尾を振って跟《つ》いてくる喪家の犬だとせられた。

本年一月初めの英租界回収事件がこうした支那人の対外観念に油を注いだのは言うまでもない。二月頃から日本租界外の同文書院附近の支那公園や物持ちの屋敷の立ち樹、垣根などを引き抜いて持ち去るものがあった。それが漸次に日本人住宅におよび鉄路外にある四季花園、共楽花園、小宮木工場などに手を付けた。これらの多くは附近農民の女子供で、追えば逃げるが、また直ぐに引き返してやってくる。何時の間にか垣根の如きは一本残らず取り去られた。

何でも農民協会か何かで、外国人の境内にあろうが富豪の邸宅にあろうが、立ち樹などは皆お前たちに授かったものだ、当然奪取して構わないといったようなことを吹き込んだ。垣根の竹ぎれ一本でも薪になるので、かようの宣伝は勘定高い支那人には天の福音である。最初は女子供のみであったのが大人も出動するようになった。こうなっては支那の巡査も手の着けようがない。隠忍主義で固められた日本側でも癪ではあるが見逃しておくと、後には斧、まさかりなど持ち出して大ぴらに立ち樹を切り仆す。前に挙げた三宜洋行襲撃事件の如き実にこれらにその端を発したのである。

さらに街上では車夫、苦力の徒が威張りだした。邦人婦女子が歩いていると車夫が押し寄せて無理に乗車を迫る。やむなく乗ってやると法外の賃銭を強要する。手荷物を提げていると苦力が来て否応なしに強奪して持ち運ぶ。中には途中で他の縄張りだと称し別の苦力が出て肩代わりする。その度ごとに滅法の料金を取られる。もしこれを拒もうものなら、何を仕向けるか分らぬ。何時の間にか押し寄せた暴徒の群れに両手を取られ前をまくられた婦人もある。後から裾をまくって棍棒を差し込まれた者もある。鬼のような苦力が自分の股引を脱いで前を露出したのを見せつけられた女もある。

漢口の外国租界には揚子江に沿うてコンクリートで敷き詰めた美しいバンドがある。従前は支那人を入れなかったものだ。それが革命軍の武漢占拠以来は全然制裁がつかなくなり、汚い無作法な苦力や、高慢そのもののような学生で満たされ、夕方など婦女子が散歩しているところへこれらの群れが行く手をさえぎり、腕をまくり肩を怒らして此方が右に行けば右、左に行けば左して悪戯する。在留外国人は、のびのびした気持ちで散歩することすらも許されなくなった。

そのほか、マーケットに買い物に出かけた婦人が袂に火のついたままの巻き莨《たばこ》の吸殻を投げ込まれ着物を台無しにしたり、帯に汚物を塗り付けられたりした者はざらにある。

車夫、苦力の横暴

こうした不愉快な事件は毎日のように起こった。英租界騒擾以来、さなきだに不安に脅えている邦人の間にはボツボツ内地に引揚げる者が生じてきた。その矢先に勃発したのが南京事変である。人心は一層に動揺した。殊に支那人側では南京における邦人婦女子の凌辱事件を誇大に取沙汰し無頼の徒の如きは、漢口がそうなったら一番に若い女を狙うのだと放言していた。これでは婦女子ならずともいい気持ちはしない。漢口の日本新聞が婦女子に猿股の常用を勧めたために、たちまち雑貨店に猿股売り切れの盛況を呈したのはこの前後である。

かくて邦人婦女子引揚げの声は高くなった。ここにおいてか一番に騒ぎ出したのは日本人使用のボーイである。失職を恐れた彼らは荷物の荷造りや持ち運びを妨げ、極力引揚げの阻止に努めた。これには洋務工会乃至総工会の使嗾があったようだ。現に三月三十日晩に日本人倶楽部で民会開催中十二時ごろに十人余りの工会の連中が寶妻氏を訪ね、翌三十一日の婦女子引揚げの中止方を頼み込んできたこともある。

その頃に総領事引揚げの噂が立った。事実そういうことはなかったそうだが、領事夫人が虫干しのつもりか何かでトランクを扱ったのをボーイどもで引揚げ準備だと早合点し、早速洋務工会に注進に及んだのが一般に洩れたのであった。総領事は人心の動揺を慮り、わざわざこれがために釈明したりした。個人個人のボーイでも非常に注目しているので、せっかく荷造りしたものも持ち出せなくなり、いよいよ引揚げとなって全然放棄の余儀なき羽目になった者は少なくない。今日漢口の引揚げ避難者が思いのほかに困窮しているのは実にこれにも原因しているのだ。

さて三月三十一日に下江した南陽丸乗り込みの百三十名の避難者は、かようの折柄荷物の積み込みには散々に悩まされた。平常ならば各自の手に提げるかするくらいの小荷物でも、苦力がたかって来て荷物運搬は自分どもの職務だと称し強奪し、租界から船着場まで二十丁余りのところを一個五円とか十円とか吹きかける。これをはねつけると荷物を押えて渡さぬ。船の出帆は迫る、群衆は群がるするので言いなりに支払う。甚だしいのは五六個で百円以上を取られた者もある。日本旅館から船着場まで自動車を走らせた外国人は、百余の群衆に自動車を取り囲まれ、苦力車夫の営業を妨げたとの言いがかりで百ドルを取られた。

彼らの仲間では工会員を数十組に分かち各租界に分置し、さらに各租界より埠頭に至る間を五六区に区分し各区ごとに苦力を配置し、普通荷物一個につき一区間十ドル乃至二十ドルという不当な賃銭を定めている。だから他租界から日本租界に引越すかまたは引揚げるかするには、家財道具の運搬に二百ドル三百ドルを要することになる。もし自分どもで運ぶか他の方法によるかすれば工会側と衝突するかまたは直接当座の迫害を免れない。ある日本旅館の番頭は支那街にある英国汽船会社埠頭に客を送り荷物を運ぶのに苦力を使用しなかったと言うので埠頭夫工会に曳かれ、裸にされた上、命が欲しいか金が欲しいかと脅かされ持ち合わせの十余ドルを強奪された。さらにこれは滑稽にも思えるのは旅館松廼家に出入りする客人を見ると苦力が飛んできて、玄関から自動車または車まで僅々二三歩のところを勿体らしく手荷物を運び、それで一個五ドルくらいを強請する。無法と言おうか執拗と言おうか、ほとんど他の何国にも類例のない乱暴さである。しかもこれらに対しては支那官憲はもとより我が日本官憲においてもどうすることもできなかった。

在留邦人の間には物議がかもされてきた。せっかく日本官憲があっても官憲らしい取締りさえ出来ないとすれば、むしろ租界を返還してしまえなど言う皮肉な議論も出た。自衛団組織も提唱された。一方において租界内は支那街ならぬ流言蜚語に充たされた。暴徒襲来の噂が伝えられた。日本綿花会社支店には南軍幹部から一万ドル要求の脅迫状が舞い込んだと噂された。街上には不逞車夫苦力などの外にピストルを手にした南軍兵の横行を見るに至った。もしこれで数日を過ごすものとすれば、官憲の命令なくとも自発的にも引揚げを必要とする時の切迫しつつあるのが予感され、在留邦人は各々仕事も手につかない状態に立ち至った。

幸いにして親交倶楽部における四月一日の総領事の時局談は一般に安心を与え、さてこそ三日の行楽となった。しかして租界未曾有の惨劇となった。

後記

租界外在住者の救出

当時租界外在住者の救出には多大の苦心を払わせられた。これより先租界内の暴徒の一掃さるるや、直ぐに領事館、居留民団を中心に、陸戦隊、義勇隊、消防隊、在郷軍人など各団体が押し寄って各種の臨時機関を設け、各々部署を定めて即刻活動を開始した。

日本租界三菱埠頭には、折柄在泊中の日清汽船会社の大福丸、大享丸、武陵丸、沅江丸の外、貨物船御月丸の五隻を万一のため数日前より集合さしてあったのが直ぐに役に立って、陸上勤務の諸係りの人々を除く外、居留民全部を各船に収容することとなり、一方では時を移さず租界外居住者の救出に取り掛かった。

当時救出を要する区域はかなり広汎に亙っていた。東は鉄路外日本公園附近より平和街に隣接した三元里の一郭、西は露仏英各租界より支那街及び橋口の泰安紡績にまで及んでいた。

日本公園附近には日本人居住者のみで一筋町を成しているが、ここには海軍集会所があり、鉄工場があり、ややもすれば騒擾を招きやすい上に、日本租界とは小高い鉄道線路によって隔てられているので、これまでにおいても少しの事変でも起こりそうな時には一番に婦女子を租界内に避難さしていた。然るに当日は事変が余りに突発的であった上に、雲集した群衆のためにその通路を埋められ、租界内の消息すらも知るを得ず、いずれも皆兢々として生きた気持ちもなかったが、決然上陸した陸戦隊は一方暴徒の掃討に当たると同時に、一隊を分ってこれら方面の救出に出動することになった。当時群衆は拡張租界地から平和街かけて黒山の如く密集し、盛んに喊声を挙げて気勢を示していた。陸戦隊が進んでいくと石を投げつける、悪罵を浴びせる。やむなく実包射撃で威嚇しつつようやく海軍集会所にたどり着き、附近の居住者を糾合し、集会所に残っていた百三十名の水兵とともに再び群衆の波を突破し、首尾よく租界内に引き上げた。漢口の避難者の大部分がほとんど着の身着のままの悲惨な姿で引揚げたのであったが、殊にこの方面の居住者は、陸戦隊が来て僅々十分間で引揚げを決行されたために全くの着の身着のままであった。

次に平和街に隣接した三元里の居住者は、租界と道路一つしか隔たっていないに拘わらず、その附近一帯は暴徒群衆の要衝に当たっているため、全然交通は杜絶せられ、二日間も出られないでいた者もあった。同所居住のある会社員四五名の如き、一時行方不明者として取扱われた者もあった。これら三十余名の大部分は夜中に糾察隊などの目をくぐってようやく引揚げた。

他租界にある者で一等早く引揚げたのはフランス租界居住者であった。これは前掲湯浅氏の談話にあるとおりである。英租界方面は当日夜半二時頃、小蒸気船二隻を仕立て義勇隊員十五名宛が乗り込み、まず一碼頭に集合していた六十七八名を収容し大享丸に送り届け、引返して二碼頭で五十余名を収容、さらに溯航して漢陽の日信油廠の七八名を併せ本船に引揚げたときは、はや夜も明け近き頃であった。この英租界の避難者は危険切迫とともに日本綿花会社と仁丹公司に馳せつけた者で、もちろん手荷物一つとてもなく、春とはいえまだ肌寒い夜更けの江岸に相寄り相抱いて救いの手を待ちあぐんでいた。近づいた義勇隊からオーと呼べばオーと応える。それが夜陰の水面に響いてなおさらに悽惨の気を添えたという。

以上の外に英国軍艦に救助されていたのが三四十名あったが、これは翌四日午前中に引き取られた。

支那街方面の人々二十余名は四日午前三時頃無事に租界に入った。泰安紡績工場は漢陽に面した支那街の外れにあるが、当時糾察隊と職工の包囲するところとなり、彼らは二十万ドルを支払わざれば日本人社員の引揚げを許さずと称し、形勢すこぶる穏やかならざるものがあったが、種々折衝の結果、同工場支配人は三万ドルを持参し総工会との話がまとまり、七日午後六十八名全部を無事救出することができた。一時は領事館、海軍側始め非常に心配した。

事後の迫害

これで約二千名の在留民はほとんど全部無事救出されたのであったが、相次いで起こった問題は各会社商店の事務上の引揚げ並びに各人の荷物取りまとめのことどもであった。これに就いては支那側と再三交渉の結果、保護、運搬などに就いて、相当諒解ができていたに拘わらず、やはり中々に注文どおりに行かない。その上会社なり個人なりで脅迫的に不当な料金を払わされた者も少なくなかった。

他の連中とともに店の始末に出かけて非常に困難した湯浅氏の談話を左に掲げる。

七日には英、露租界の人々が、支那官憲より差し回したトラックで着替えだけを取りに行った。八日にはフランス租界の番であったが、湯浅の店は危険地帯というので後回しになり、午後五時頃七八名がトラックで乗りつけた。途中でフランス警察に立ち寄り過日の礼を述べ、着替え取り出しに来た旨を話したら、支那兵の護衛はあるかと言う、ないと答えると今は危険だから人通りの途絶えた十二時過ぎにせよと注意してくれた。もっともだと考えたのでそのつもりで店に帰ると、表も裏も釘付け、それで隣家から間の仕切りを乗り越えようやく入ったら二階の窓も釘付けである。無理にこじあけて入ると店内は完全に破壊され足の踏むところもない。陳列台は砕かれ商店の大部分は掠奪されている、まったく惨憺たるものだ。二階は幸い無事なのでそこで荷造りしていると、外から日本人の声でしきりに呼ぶ。窓から顔出すとトラックに荷物とともに乗っかったままで二三人の日本人が群衆に取り囲まれている。その時は七時頃でちょうど人の出盛りだ。これはまた大変だというので縄掛けもそこそこにして二階から引きおろし、ようやく積み込んでトラックを廻そうとしたら、群衆が立ち塞いで騒ぐ。巡査が来て仲裁し十ドルの酒手を払わされ、出るには出たが群衆はやはりワイワイ言うて跟いてくる。すこぶる気味悪い。然るに同じ仏租界にも一軒残っているが、そこは総工会本部近くでなおさら物騒だ。しかしほっとくわけに行かぬのでやむを得ず皆決死隊の気持ちで車を廻し、群衆包囲の中にようやく積み取り日本租界三菱倉庫に運び込み、やっと安堵の息をついた。他租界の連中も皆このトラックの運転手や巡警に三ドル五ドルと強請されたそうだが、日本人が五人も六人も乗っていて、一人の運転手に強請られる。実に時世は変わったものだと、我ながら意気地なく感じた。これも隠忍自重主義の賜物だとあれば文句も言えない訳だ。（湯浅氏談）

以上は他租界であるが、日本租界でも警備区域外に置かれた方面の荷物取り出しは容易でなく拡張租界大正街一帯が終了したのは実に六月十四日であった。僅々五万坪内外の猫額大の租界地内で、かような困難があることは恐らく内地の人々には想像できないかも知れぬ。

残留者の活動

租界内の暴徒一掃後、時を移さず設けられたのは左の機関である。

警備係
庶務係
糧食係（購買係、炊事係、分配係）
交通係（水上係、陸上係、郵便係）
運搬係
衛生係（衛生係、医務係）

こうして部署は定まったわけだが、何分とっさの際ではあり、別に計画あり命令者あってのことでもないから、まったく火事場のような混乱を呈した。

まず第一に着手されたのは避難者の取りまとめと汽船への収容であった。わずか五隻の船、それも内一隻は同仁会病院船に充てられ、一般邦人には大福、大亨の二船を当て、それに二千余名を収容するのであるから、その混乱雑踏は筆舌のよく尽くすところでない。座席がないと訴える者、手荷物が見つからないと騒ぐ者、大会社筋の家族どもが横暴だと敦圉《いきま》く者、その上に病人はできる、子供は泣き叫ぶ、折からの烈風に江面は海のように荒れる。収容さるる者収容する者、ともに多大の艱苦を嘗めさせられた。

次に起こったのは食糧供給の困難であった。小学校の広庭に取敢えず共同炊事場が設けられ炊き出しにかかる一方、各戸に手廻しして買い置きの米を取り集める。雑貨店食糧品店に就いて掠奪残りの品を蒐集する。その頃にはもちろん車夫も苦力もいないので、何から何まで各自の手によらなければならぬ。鬚のある紳士が薪を担いだり、米を磨いだり、沢庵を切ったりだ。ところがここに最も支障となったのは、陸戦隊の警備線が最初の間は租界の三分の一くらいに限られたため、警備線外からの徴発ができず、直ぐに糧食の欠乏を告ぐるに至った。そのため翌日からは全部が握り飯一二個に沢庵一切れが二回という惨めな状態に置かれたのであった。後に軍艦によって上海その他から供給の途が開かれたのと、大部分が内地に引揚げたのとで稍ゆっくりなったが、それでも久しい間はかなり苦しめられた。

この食糧品蒐集に就いてはかなりの冒険もあった。事変の当夜十時頃食糧係が本願寺裏の雑貨店に行ったら、南小路口に警備線を張っていた支那兵が突然銃先を向けた。飛んで帰って領事館に注進したので、その際居合わせた国民政府外交部の役人に日本人が二人付いていったら、戸障子や煉瓦の破片が散乱し、舗道がどす黒く血に染められたあたりに立ちはだかっていた支那兵が、やはり銃口を向けて今度は本当に打ち放した。やむを得ず五六発の銃声を後に散々の体で逃げ帰った。こうして警備の任にあるはずの支那兵が、日本人と見れば銃先を向けるので物騒この上もない。

衛生設備としては、取敢えず同仁会医院全部を沅江丸に移しこれを病院船とした。これにも外交係、病室係、食糧係、庶務会計係などの各係員を定め、かつ陸上との連絡係を置き、民団の医務係と呼応して傷病者の応急救護に充つることにした。船内は医局、病室、看護婦室の各部に分かちそれぞれ設備を加えた。当時収容の患者は内科二名、外科三名、小児科二名、婦人科五名、合計十二名であった。

租界内の警備

ここで少しく警備に就いて述べることにする。当日暴徒退却と前後して支那側からは総工会幹部が来る、警察官が来る、外交部の役人が来る。領事館はこれらの連中で一しきり混雑を極めた。後では武漢衛戍総司令唐生智氏も駆けつけた。彼らの言うところでは、支那軍隊において責任を以って警備し暴徒の侵入を禦ぎ、日本人の生命財産を保護するから陸戦隊を撤退してくれ、このままでは群衆を刺激しまたまた暴動の恐れがあると言うのである。三ヶ月前に英国租界に対して取った手段をそのまま再現しようというのだ。

さしも隠忍に隠忍を重ねてきた高尾総領事も、この時ばかりは痛快に高飛車に刎ねつけた。『支那政府の保証なるものは聞き飽くほど聞かされたが、今日ではすべてが空言となった。この上やるもやらないも、既に自衛手段を断行した以上、無要の詮議はしておれない。それよりも租界外群衆の警備に努力されたがよかろう』と、むしろ逆襲的に警告を浴びせた。

総工会代表なる者は、『支那人が十人死んだ。発砲は不法だ。衝突の原因を明らかにされたい。陸戦隊を即刻引きあげられたい』など勝手な注文を持ち出したが、これまた総領事のために一蹴された。

支那側では英租界同様ずるずるに兵を入れて租界を乗っ取ることができるつもりであったらしく、直ちに平和街一帯に軍隊を配備したが、日本領事館側の強硬な態度と陸戦隊の威圧に一歩を出せなくなり、せっかく目論んだ「租界内警備」は「租界外警備」に変わるの余儀なきに至り、のさばるつもりの支那犬は番犬となって門外に首を俛《た》れさされた。その腹いせか知らぬが当夜の平和街一帯は、避難の留守に乗じ大分掠奪が行われた。本願寺に侵入した唐生智の軍隊の如きは、本堂内の掠奪嫌疑で早速何健の兵に代えられ、それも陸戦隊の抗議により本願寺から撤退し、租界と支那街との中間道路の中心線に退いた。先に述べた食糧係の日本人が支那軍隊の狙撃を受けたというのは、実にこれらの軍隊によってなされた暴行であった。

案に相違の支那兵としては忌々しいに違いないが、しかし日本側は災難だ、このままではこと面倒だというので、彼らとの正面衝突を避けるために警備区域を縮小し、西小路を東に一直線を画し、燮昌路との交差点から鍵の手に折れて江岸までの一線で南北を限り、それ以外の租界三分の二は、各路次口の要所要所に鉄条網と土嚢の防御提だけは築かれたが、ほとんど無警備状態に放任されたも同様であった。これには大分苦情もあったようであるが、陸戦隊兵員の関係もあり、遺憾ながら十分のこともできなかったと解釈せねばなるまい。

それはとにかく、この警備に就いては義勇隊、消防隊を始め邦人男子は非常の努力をした。陸戦隊とともに歩哨に立つ者、土嚢を拵えては警備線に運ぶ者、一方汽船が出るというので石炭積み込みをなす者、皆が皆真っ黒くなって働いた、しかもまったく不眠不休だ。五日の晩に「時津風」外二艦が着いて水兵の数も増し稍々落ち着くことができたが、四囲の事情は決して油断を許さない。

租界外の周囲には赤白の旗を押し立てた群衆がたかっていて、時折喊声を揚げて示威を試みる。事変後三日目の四月六日には、支那街三嗎頭で当日の死者追悼会を開き、大いに排日気勢を煽った。十三日には洋務工会代表会議を開き、国民政府外交部長陳友仁を介し日本総領事に対して、日本人引揚げ後はその使用人に一ヵ年分の給料を支給することを要求する旨を決議した。総工会では日本人使用の支那人に罷業を強要し、水道を絶ち、日清汽船会社、海軍などの支那人にも手を廻し、全部の避難民を動けぬようにしておいて食糧封鎖を強行しようとした。この外、拡張租界に近接した京漢鉄道第一江岸引込み線より江岸に沿うて塹壕を構えたが、これは革命軍側が日本に対峙するためにこしらえたとも噂された。四月中頃には漢陽大別山頭に大砲を据え付けたとも伝えられた。

かようの謡言蜚語が絶えないのみならず、実際においてもしばしば険悪の空気がかもされる。四月七八日頃には日清汽船倉庫に運んできた三菱の貨物が糾察隊に押えられ、領事館からも交渉したが不調に了りまた元々通り逆送された。警備線外の住宅、店舗は大概は避難留守中の掠奪を免れなかった。甚だしきは警備の支那兵に見舞われたものさえもある。

かようの有様であるから、まったく一刻も油断ならない。その後の二三週間は、残留男子のすべては身体は疲れる、神経は昂ぶる、むしろ悽愴たるものがあった。しかし四月中旬には大分軍艦の数も増し、天龍、天津風、時津風、磯風、濱風、浦風、安宅、嵯峨、比良、堅田などの諸艦が碇泊して警備に就いた。従って二十三日からは警備区域を拡張し、租界全部を包容することとなり、同時に支那側に要求して、租界の周囲に配備されていた支那軍隊並びに糾察隊を撤退せしむることにした。当時総領事館がこのことに関し発表した告諭は左の如し。

租界内ノ警備区域拡張セラレタルニ付本日ヨリ右区域内ノ居住差支ナシ

昭和二年四月二十四日

在漢口日本領事館

これで残留者も大分肩が軽くなると同時に、久々に各自の家を見舞うことができたのであった。

総領事の引揚げ命令

これより先、総領事館では左の如き告示を出した。

告示第十五号

一、在留邦人婦女子ハ全部引揚グベシ

但シ日本租界ニ居住スルモノニシテ特別ノ事情アリ在留セントスルモノハ当館ノ許可ヲ受クベシ

男子ハ強テ引揚ヲ要セザルモ豫メ引揚ノ準備ヲ為シ置クベク事情ノ許スモノハ可成此際引揚グルコトヲ可トス
日本租界外ニ居住スルモノハ当分ノ間日本租界内ニ移転スベシ
一、当地本邦間ノ船舶運送ハ当館ニ於テ準備スベシ
右告示ス
　　昭和二年四月四日
　　　　　　　　在漢口
　　　　　　　　　総領事　高尾　亨

告示第十六号
目下当方面時局ノ推移ニ鑑ミ当分ノ間在留邦人ノ業務ヲ原状ニ復帰セシムルコト困難ナリト認メラルヽニ就テハ事情ノ許ス者ハ此際可成当地ヲ引揚ゲ帰国スルヲ可トスベシ
　　昭和二年四月九日
　　　　　　　　在漢口
　　　　　　　　　総領事　高尾　亨

これは引揚げ命令と称するものかどうか知らぬが、漢口のみならず今回引揚げた各地の在留邦人と外務省の間に『命令は出さぬ』『命令を受けた』と言ったような事柄が押し問答されたとも聞いたが、なるほどこの文面によれば押し問答の種にならぬでもない。それはとにかく、かようの問題が持ち上がるというのは、もし引揚げ命令が出たものであれば、外務省としては引揚者に対し当然相当の救済なり扶助なりしてやらなければならぬ。でなければその点におい

て外務省の肩が軽い。こういう点から一種の争いとなったらしいが、今回の事はともかくとして、支那のような国柄では何日何時に事変が起らないとも限られないから、万一引揚げを要する際には在留民はもとより外務省側でもできるだけハッキリした行動をとることが肝要であろう。曖昧模糊たる手段方法を取る如きは、人間の大事に処する途ではない。

却説《さて》、総領事館のこの告示によって第一番に内地引揚げとなった者は、婦女子総数千三百二十名内六百名を大福丸に七百二十名を襄陽丸に分乗せしめ、いよいよ四月六日に出発ということになった。

然るにここにまた一つの問題が起こった。それは内地へ引揚げに際しての費用の問題である。何分本編にも詳述せる通り、在留邦人の全部はほとんど無一文で避難した。領事館、正金住宅、三菱住宅など江岸に面した安全地帯の居住者の如きは、荷物を取り出した取り出さぬの問題もないだろうが、事変当日幸いにして陸戦隊の警備区域内に置かれた者でさえも辛うじて身を以って免れた者が多い。いわんや鉄路外、他租界方面居住の人々はまったく着の身着のままであった。それが内地に引揚げるとなって第一番に当惑するのは旅費であり、着る物であり、夜具蒲団であり、なお前途を考えれば何時になって復帰できるかさえ分らないその間の生活費であらねばならぬ。

然るに在留民側と総領事館との間に、まず旅費を出せ出せぬの交渉がもつれかけた。在留民からは左の如き請願書が呈出された。

請願書

今回ノ事変勃発ニ依リ吾等在留民ノ苦痛ハ決シテ鮮少ニ非ズ故ニ此儘婦女子ヲ引揚ゲシムル場合ハ手廻荷物ノ携帯ト内地ニ於ケル旅費ノ準備ヲ必要トスルヲ以テ最少限度左記ノ御援助奉仰度此段連署請願候也

一、差当リ旅行居住ニ必要缺クベカラザルモノハ領事館ニ於テ必ラズ安全ニ引出得ル様御盡力相成度事

二、若シ暴民ノ為メニ掠奪ヲ受ケタルトキハ領事館ヨリ衣服寝具其他必要品ヲ大人百二十元小人八十元ノ範囲内ニ於テ現品御給與相成度事

三、日本ニ於ケル旅費トシテ道路ノ遠近ヲ問ハズ一人毎ニ大人二十五円小人十五円ノ割合ニテ日本金御支給相成度事

四、前記三項ノ後援助ヲ御実行相成難キ場合ハ吾等家族ノ引揚ヲ中止スルコトニ御承認相成度事

以上

昭和二年四月五日　　漢口居留民連署

在漢口

総領事　高尾　亨殿

ところが総領事館ではどうした都合か中々決定しない。大福、襄陽二船の出帆間際までゴタゴタしていたが、気早い連中はサッサと船を降りてしまった者もあった。結局領事の手元に現

金がないというので一時間居留民団で立て替え、支給上の裁量は第一回引揚げ団団長寶妻氏に一任するという条件で総領事の命令に従うことになりようやく収まった。

埠頭の別れ

千三百余名を満載した大福、襄陽の二船は四月六日午後二時、いよいよ租界埠頭を離れることになった。

支那上下の暴虐にいたたまらず、すべてを放擲して落ち延びた英国人らの惨めさを眼前に見ながらやがては我が身の上と予期しつつも、心の奥底には、日本人に限っては！　という固い期待があった。恐らくこれは在留二千数百の同胞の誰もが抱いていた、而してそれは、とりもなおさず日本国民が「国の力」に対して持つ信念ではなかったか、優秀感ではなかったか。憫むべし、今やすべては裏切られ、妻は夫に別れ児は父に離れて、見る影もない着の身着のままの姿を故山の前に曝さねばならぬ羽目に立たされた。見送る者、見送らるる者、ともに涙だ。

可憐な少女は当時を偲んでこう書いている。

四月六日、トウトウ荷物モ其マヽニシテ日本ニ帰ラネバナラヌコトニナリ、午後二時、私共ノ乗ツテ居ル大福丸ト襄陽丸ハ軍艦浦風ニ護送サレテ漢口ヲ出マシタ。其時後ニ残ツテ居ル皆サンハ旗ヲフツタリ、ボウシヤハンケチヲフツテ万歳ヲ言ヒナガラ別レマシタ。其時ノ私タチハ何トモ云ヘナイ悲シサデ、ドナタモ涙ヲ流シテイラツシヤイマシタ。（漢口小学校女生徒）

涙に眼くもらせつつ半巾を打ち振り万歳を叫ぶ埠頭の残留者の脚下には「万世不朽」の四大字が岸壁深く刻まれてある。今を去る二十年前、時の領事水野幸吉氏が、日本租界竣工記念としてこの四大字を刻し、卓落たる雄志を寓したのであった。嗚呼、万世不朽か、万世不朽か。

かくて第一回引揚げの避難者は、限りある船室に重なり合うようにして詰め込まれ、乗船以来十一日間、一度の水浴さえもできなかったのはもとより、帯くつろげてまどろむ事さえも叶わず、三度三度に配給さるる握り飯二個と二切れの沢庵に飢えをしのぎ、九日の朝上海に着いたが、そこでは市中が物騒なために上陸も許されずそのままコレア丸に移され、十一日午前十一時、青々たる故国の風光に迎えられつつ長崎港に入った。千三百の同胞は、さすがに思わず歓呼の声を上げた。長崎上陸後は長崎県庁、市役所、商業会議所、新聞社などの斡旋の下に一夜を過ごし思い思いに四散した。

以上は第一回引揚げの概況であるが、その後は数回に分かち続々引揚げることになった。これを表示すれば左の如し。

第一回	四月六日	出発	大福丸	襄陽丸	軍艦浦風護送	一三二〇人
第二回	同　十一日	出発	大貞丸	大利丸	同　濱風護送	二八七人
第三回	同　十六日	出発	岳陽丸		同　十六—十八号護送	九六人
第四回	五月三日	出発	鳳陽丸	武陵丸	同　桃護送	九〇人

この後にもまだ引揚げた者もあるが、その数字がハッキリしないのでここには挙げない。なお右に挙げた者も多少の違算あるやも難計、これらの点は特にお断りしておく。

ちなみに内地引揚げ者に対し旅費支給額は、第一回は大人一人二十五円小児十五円宛て、第二回以降は一律に四十円宛てとなっている。ただしこれは全部に支給したわけではない。

漢口被害者一覧

事変当日並びにその後に於いて掠奪または破壊せられたる邦人店舗など左の如し。

日本租界平和街	料理屋	愛知亭	伊藤忠治
同　同	薬店	一心堂	一色忠慈郎
同　同	金物屋	花井洋行	花井鉄蔵
同　同	電気商	西昌洋行	西　長平
同　同	木工業	田村工程所	田村好太郎
同　同	理髪業	城谷理髪館	城谷熊太
同　同	羽布団商	本里洋行	本里福蔵
同　同	産婆	川村レツ	
同　同	雑貨商	永進洋行	今岡秀達
同　同	楽器商	吉野商店	濱野安太郎

同	同	洋服店	齋藤洋服店	齋藤光太郎
同	同	薬店	鍛薬房	鍛　長次郎
同	同	絵葉書屋	伊勢屋	新庄喜代太郎
同	同	竹皮商	土田洋行	土田千太郎
同	同	雑貨商	川本洋行	龍崎ツキ
同	同	雑貨商	五島商店	五島ナツ
同	同	電機器商	松本洋行	松本ミツ
同	北小路	雑貨商	天福洋行	草野宇助
同	山崎街	本願寺		
同	槐蔭里	料理業	山吉	伊藤吉助
同	同	洋食屋	浪花食堂	村井留二郎
同	同		新興洋行	古川幸平
同	同	製靴業	益田靴店	益田杉松
同	拡張租界	牛肉屋	菊水	田中小右衛門
同	同	旅館	竹廻家	松本ミヨ
同	同		漢口日々新聞社	
同	鉄路外	青物商	三喜農園	宇野政次郎
同	同	花卉商	四季園	三谷留次郎

同　同　貸家業　鴨川洋行　鴨川明治
同　同　海軍倶楽部
特別区（旧ドイツ租界）　三井木工　三井物産会社
同　靴屋　田島靴店　上田與八郎
同　靴屋　西口靴店　西口寅楠
同　通関業　高橋通関行　高橋元雄
フランス租界三徳里　雑貨商　共益洋行　湯浅九三二

この外に避難引揚げ後その留守宅を荒らされ、商品器具などを掠奪されたるものあるも、ほとんど租界全部に亘ると称するも差し支えなきほどの多数に付きここには掲載せず。

その後の租界

支那人の日本租界

第一回より第四回まで引揚げは一段落を告げた。後に残った者は領事館員のほか、会社銀行商店などの留守居の人々と、上流各地から引揚げて来た避難者である。五月九日調べによれば左の如し。

原居留地	男	女	子供	計
漢口在留民	三〇三	一一〇	三一	四四四
領事館員	一〇	三	〇	一三
警察署員	一六	三	五	二四
成都避難民	一	〇	〇	一
重慶避難民	八	一	三	一二
宜昌避難民	九	〇	〇	九
沙市避難民	五	〇	〇	五
長沙避難民	一三	〇	〇	一三
合　計	三六五	一一七	三九	五二一

右表漢口在留民四百四十四名の内、女百十人とあるのは六十余人の芸妓とその余は仲居その他三業関係の者が大部分である。邦人婦女子とてはほとんど一人残らず引揚げたのに、これだけは不思議にも取り残された。殊に前に揚げた領事館告示第十五号の但し書第一項「日本租界ニ居住スルモノニシテ特別ノ事情アリ在留セントスルモノハ当館ノ許可ヲ受クベシ」とあるのは、ほとんどこれら特殊営業者のために設けられた条項だそうだが、誠に行き届いた処置と申さねばならぬ。

これらの紅裙《こうくん》は第一回引揚げに際し、彼らだけを収容してあった貨物船御月丸の舷側に立ち並んで、埠頭を離れ行く大福、襄陽の二船に満載した避難婦女子を見送っていたが、さすがに声をあげて泣き崩れた妓もあったという。動乱が産んだ哀話の一つである。

話は横にそれたが、僅々五百余名を残しただけの日本租界は、がら空きになったかというとそうではない。ほとんど全部は時の間に支那人によって埋められた。これはもちろん無断闖入ではない、正当の手続きの下に家賃を支払って、しかも五倍十倍もの高い家賃を支払って入れてもらっている。最近の調査によれば実に左の如き種別になっている。

支那政治家	一三
同　官吏	三二
同　軍人	一四
同　記者	五
同　亡命客	五八
合　計	一二二

これらに付属した家族とその他の避難支那人を合わせれば約四千人の多数に上るという。日本は現在に於いては莫大の国帑《こくど》を費やし、十幾隻の軍艦と陸戦隊を以って支那人を保護している形になっている。しかもその支那人中には国民革命軍政府の軍政両部の要人もあり、排日党の首領株もあり、いずれも枕を高うして臥榻《がとう》に快眠をむさぼっている。而して租界を追われた我が避難同胞は、内地に窮居して米塩の資にも事欠いでいる。なんという皮肉だ。

序に漢口にある欧米人の現在数を示せば左の如し。

イギリス	二四

アメリカ	六八
フランス	四六
ドイツ	二二三
ロシア	一〇〇
その他	二〇七
合　計	六六八

外国租界はフランス租界だけは依然としてフランス官憲によって維持されているが、露独の両租界はもとより今日では英国租界までがピストルを携えた支那の保安隊の下に『この際各租界内において掠奪暴行すれば、それを機会にイギリスは旧イギリス租界を、アメリカは旧ロシア租界を奪回するから、決してその策に乗ぜられてはならぬ』というような宣伝が利いて僅かに治安が保たれている。支那の民衆はこの程度の、理屈といえば理屈のようなものによって進みもすれば退きもするのだ。かるが故に恐ろしい。

南兵の同文書院占領

事変直後、邦人の避難留守宅に暴民どもが押し入り掠奪したことは前に述べたが、鉄路外日本公園の中にある数棟の旧兵営の建物も、ガラスはいつの間にか外して盗み去られ、後には窓枠から床板まで剥がした箇所もあった。公園附近の果樹園、鴨川氏その他の住居はほとんど掠奪された。租界内でも高昌里一帯は特に被害甚だしく、他租界においてもオフィス内のタイプライターや器具類の盗難も少なくない。これらは不逞暴民ばかりの所為でなく邦人使用のボーイなども手伝っているようだ。日本租界においては事変当夜から使用支那人には領事館から出入許可証を交付し、夜間は午後十時以後の出入を禁止し、相当厳重の取締りをなしたに拘わらず、この種の被害は頻々《ひんぴん》として絶えなかった。

さらに駭聞《がいぶん》に値するのは、支那軍隊の同文書院占領である。同書院は同文会の事業として支那人子弟の中等教育機関として設けられたもので、日本公園内の旧兵営と相対峙して郊外にその勇姿を競うているが、何分租界地からかなり隔たっているのでかねて万一の場合を懸念されていた。然るにこの懸念は果然六月末に唐生智の部下何健の第三十五軍の一部によって実現された。

最初第三十五軍第二師の政治部員約七十名が、いきなり教室図書室学生実験室などに侵入し居室をこしらえた。次に同師七団の迫撃砲隊約二百名が機関銃四挺を携え、最初は運動場の草地にテントを張り起臥していた。然るに三日の夜に雨が降ったのでこれらの兵は皆寄宿舎内に入ってしまった。

軍隊が入る前に数名の兵が来て学校の借用を求めた。もちろん校員はこれを拒絶したのであったが、その次の日は何も言わないで無断で侵入してしまった。総領事館では直ぐに外交部にその撤退を要求した。外交部はこれを何健に通牒したので何健はその引揚げを応諾したとのことであったが実行しない。三日は日曜日で陳外交部長はお休み、四日か五日になって何健から領事館に対し、実際に兵を容るる場所がないから、もう三日ほど置いてくれとの旨を懇望してきた。本稿を終わるまでは撤退したとの報道に接しないが、漢口の残留者の間では、もしこのままで一日延びに延ばされるようであれば折角立ち直りかけた日本の威信もまたまた逆戻りで、支那人の暴慢は四月三日以前のそれに立ち返るは明らかだと言うている。

日本人のみならず欧米人の建物も平気で占領されているのは、南京然り、鎮江然り、長沙、宜昌、沙市皆然りである。言語に絶した非人道の暴挙を敢えてし、外人をして避難を余儀なくせしめた重大事に対し、何ら反省恐縮の念の認められないのみならず、その留守宅を奪って占拠することあたかも戦利品のそれの如くであるのは、先の拉致した日本水兵を「捕虜」と称したのと同じく、まったく普通の常識では解釈できない所為である。

前掲漢口被害者一覧締め切り後判明せる被害者左の如し

日本租界　記者　木村浩二郎
同　葬儀社　西村　喜助
同　木工　廣川　佐助
同　記者　吉福　四郎
同　すし屋　横　浜　亭
同　茶商　中村　貞一
同　西肥洋行　山下
同　洋服店　田中　政八

鉄路外　会社員　林　直治
同　　泰孚洋行　安部善三郎

○漢口小学校女生徒の遭難記

四月三日ノ午後、私共ハオ庭デ遊ンデヰマスト、至急電話デ「何カ日本租界ニ支那ノ暴民ガ押シ寄セテ来タカラ用心セヨ」トノコトデ、オ母アサマカラ呼バレマシタカラ急イデ二階ニ上リマシタ。オ父サマオ母サマハ一生ケンメイニ部屋ノ中ヲオカタヅケニナリマス。私タチハコハクテ仕方ガアリマセン。私ハカバンニ学校道具ヲ入レテセオイマシタ。シバラクスルト、オ友ダチヤオバサマガタガ逃ゲテイラツシヤイマシタ。フランスノ警察カラ大勢鉄砲ヲカツイダ人ガ迎ヘニ来テ下サイマシタ。ソレカラ途中ヲ守ラレテ大福丸ニ乗リ込ミマシタ時ハ夜中ノ二時頃デシタ。船中ハアマリ人ガ大勢デカケル所モアリマセン。私共ハ人ノオ荷物ニモタレテ眠リマシタ。朝ニナツテオニギリトタクアン一トキレモラヒマシタガ、ソレデモオイシクイタダキマシタ。時ニハ病気ノ人モアリマスシ、着物ガナクテフルヘテヰル人モアリマシタ。三日四日ヲコハイコハイト思ヒナガラ船ノ中デ暮シマシタ。

四月六日トウトウ荷物モ其マヽニシテ日本ニ帰ラネバナラヌコトニナリ、午後二時私共ノ乗ツテ居ル大福丸ト襄陽丸ハ軍艦浦風ニ護送サレテ漢口ヲ出マシタ。其時後ニ残ツテヰル皆サンハ旗ヲフツタリ、ボウシヤハンケチヲフツテ万歳ヲ言ヒナガラ別レマシタ。其時ノ私タチ皆ハ何トモイヘナイ悲シサデ、ドナタモ涙ヲ流シテイラツシヤイマシタ。

途中デ日本ヤ上海カラ漢口ニ行ク軍艦ト出アヒマシタ時、ドチラカラモ帽子ヤハンカチヲ振ツテ分レマシタガ何時モ悲シクナツテ泣クマイト思ツテモ、泣カズニハ居ラレマセンデシタ。

上海ニ着キマストタクサンノ日本ノ兵隊サンニ迎ヘラレマシタガ、唯ウレシ泣キニ泣クバカリデシタ。長イ間苦シイ目ニアツテ、ヤツト長崎ニ着キマシタ時ノ皆サンノオ気持ハドンナダツタデセウ。今ニナツテモ忘レルコトハ出来マセン。

長沙 附 常徳

位　置　湖南省湘江の東岸に在り。岳州より水路約百五十浬、武昌より粤漢鉄道にて約二百二十マイル。秦代以降の旧都たり。
産　業　錬、鉛、石炭、米、雑穀の集散地たり。
貿　易　一九〇四年（光緒三十年）西門外一帯を商埠地として開放せられて以来、欧米人の来たって貿易に従事する者多し。
在留邦人　男　八十六人　女　六十人　計百四十六人
日本官衙　日本領事館、駐在武官室

事前の引揚げ

長沙で左の引揚げ命令が出たのは四月六日であった。
一、婦女子ハ本日中湘江丸ニ引揚グ可シ
一、男子ハ何時ニテモ引揚ゲ得ラルヽ様準備シ置クベシ
然るに長沙の支那人側は一月以来非常に排英運動には熱狂したが、日本人に対しては比較的

穏やかであったのと、四日五日とも、漢口事件に対して案外冷静のようであり、支那新聞の如きも一言半句も言及しないなどの点から、在留邦人の重なる向きにおいても多少安心していた。五日夜、湘江丸の上で議員会を開いた際にも同様の異見が出て、婦女子の引揚げも準備だけに止めることに打ち合わせたほどであった。

しかし領事館では非常に懸念されたと見え、六日には軍艦堅田の艦長室で領事、艦長凝議の結果、前記の命令が発表されたのであったが、果してその日に至って支那側の模様がにわかに急転せるものの如く、十一時頃に配達された新聞には漢口事件は大々的に取り扱われ、市内では総工会の緊急会議開催、洋務職員会開会の打ち合わせ、政府当局の開議など、物情騒然たるものがあった。

そこで湘江丸においては海員工会の策動のために支那人船員を引き上げらるる恐れありと認め、急遽船を離して沖掛りをすることになった。これが午後三時。このために婦女子の引揚げには一々艀《はしけ》を要するのですこぶる困難であったが、夕刻六時頃までには首尾よく全部を船内に収容することができた。

然るに当日は午後より示威行列があったため、日本人使用のボーイもこれに参加し夜の九時頃に至るも帰店しない。領事館でも使用人の全部が帰らないので晩食の仕度もできない。そのうちに日清汽船会社の買弁の息子と載生昌汽船会社の事務員一名は総工会に引致され、市中は謡言やら威嚇やらで不安は刻々に募ってきた。その日に振り蒔かれた宣伝ビラの中には載生昌汽船会社に埠頭を貸した二人の支那人を斬って首途の血祭りとし排日の気勢を揚げるというような、すこぶる物凄いのもあった。この勢いで行けば大正十二年の排日当時と同様、米も買えなければ野菜も手に入らぬ、水も汲めなければ薪も得られぬという窮状に陥るのみならず、或いは南京事件、漢口事件以上、生命をも脅かされるような羽目に立ち至らぬとも限られぬという懸念が湧いて来た。これは領事館側のみでない、直々皆の頭に響いたところであった。ここにおいてか第二の命令は発せられた。

今夜十二時迄ニ載生昌小蒸気ヲ派遣スル故男子ハ全部湘江丸ニ引揚グベシ

これが一般に伝達されたのがその晩の十二時、在留民は大あわてに慌てて引揚げを済ましたのが七日午前三時、それが前にも述べたようにボーイや苦力の力が借りられないために、荷造りから運搬まで各自がやらなければならぬ。やっと江岸まで運び出すと今度は艀《わざ》に弱らせられた。普通二三百文（十五銭位）のところを二ドル三ドルを要求する。後には態と船を岸に着けないで櫓で操りながら、三ドル五ドル、六ドル八ドルと糶《せ》り上げる。しゃくには障るがやむを得ない。かような実情で非常に困らされたがとにかく一同無事で湘江丸に避難し領事館は同時に軍艦内に移転した。

男女総数百二十名の収容を終わった湘江丸は同午前四時長沙を離れて下江し、軍艦「堅田」は少し遅れて衡州よりの避難者一名を収容し、濠河口上流数浬の地点で湘江丸と合し、途中常徳よりの避難者四名を収容、九日午後二時漢口に入港した。

漢口では総領事と民団より左の通知を受けたので三井、日清、三菱の社員を除く外は全部内地に引揚げることに決定した。

一、婦女子ハ全部内地ニ帰還シ男子モ成ルベク帰還セラルベキコト
一、漢口ハ糧食欠乏シ且ツ衛生状態頗ル不良ナルコト
一、事件ノ解決ハ相当時日ヲ要スル見込ナルコト
要するに漢口では第一に糧食欠乏の折柄ではあるし、なるべく内地に送還するのを便宜としたと思われる。いよいよ内地引揚げと決したので一同大貞丸に移ったが、苦力も車夫も罷業してる際なので荷物の積み換え、石炭積み込みなども皆が共同してやった。折柄漢口は烈しい雨風で非常の困苦を嘗めさされた。
四月十一日午前九時、大利丸とともに出航したが、翌十二日は船内で長沙居留民会を開き左の決議文を議定し、外務陸軍海軍の三省並びに大阪朝日、大阪毎日、東京時事の三社に打電することにした。

決議文

長沙在留民ハ避難引揚ノ途次左ノ決議ヲナシ敬テ閣下ノ御裁鑑ヲ仰グ。
南方支那ノ時局悪化ニ伴ヒ遂ニ吾人ハ三十年来辛苦経営ノ根拠ヲ抛棄シ今ヤ路途ニ呻吟ス。惟フニ過去数年間ノ過大ナル隠忍自重ハ却テ屈辱的今日ノ結果ヲ来シ国威ヲ傷ケ帝国ノ対支先鋒タル吾人ノ地位ヲ覆滅シタリ。故ニ帝国ハ徒ラニ革命政府ノ宣言ニ惑ハズ、皇国ノ威信ノ為メ断乎タル対策ヲ講ゼラレンコトヲ切望ス。

昭和二年四月　　長沙居留民会

右は原文のままを採録したのであるが、憂国の至誠溌剌たるものがある。かくて十四日午後

四時上海着、十六日には若狭丸に移乗、十八日午前には一同内地の人となった。

動乱の長沙

由来長沙は革命の揺籃たる湖南省の首都であるだけに人気はすこぶる荒い。排日暴動が年々に繰り返さるるはもとより、日本領事館襲撃の如き幾度となく行われた。今年に入っても三月末の排外騒ぎの際には、約二千の群衆が「反英」「反日」などの標語の下に大示威運動を行い、市内を練り歩いた。一隊は日本領事館に押し寄せ、数名の暴漢は室内に乱入し窓ガラス、扉などを破壊した。かようの土地柄であるから一度狂い出せば中々猛烈である。

大正四年の日支交渉事件以後十数年の間に最も悪辣を極めたのはかの有名なる六一事件である。それは大正十二年六月一日に起こったから六一事件と称するのであるが、当時長沙のみならず揚子江流域は漢口を中心に前来未曾有の排日盲動が行われていた。長沙においても日本商店の前に椅子を持ち出し、煙草ふかしながら張り番して買い物に来る客人を押える、日本船の出入り毎に大勢が押し寄せて乗降客らを捉え、顔や着物に「亡国奴」とした大きな印を押捺する。傍若無人の振る舞いを続けてきたが、五月三十一日の夕刻、日清汽船の武陵丸が入港するというので埠頭は排日団で黒山のように埋められていた。然るにその晩は入港しなかったので彼らは徹夜して見張るものもあり六月一日の朝となった。当時碇泊の軍艦伏見では形勢不穏と見て十数名の武装しない水兵を埠頭に配置し万一を警戒さしていた。そこへ武陵丸が入港する。しかし陸上の模様がおかしいので数名の支那人乗客も上陸を見合わせているところへ、載生昌

（日本人経営）の小蒸気が湘潭から下航してきたのでたちまち排日団の襲うところとなり、三四人の船客は悪罵と暴行に悩まされているのを支那の巡査も兵士も構わない。日本水兵が見かねて傍に行くと群衆は待っていたとばかり、喊声を揚げて肉迫し、石や瓦片を投げつける。一時は物凄い光景となったので水兵は一旦武陵丸に引揚げ、さらに武装を整えて上陸した。これで群衆は一時はひるんだようだったが、何時の間にかまた押し寄せ来たり歩哨線内に乱入し制止に応じない。後には図々しくも水兵の手から銃を奪取しようとする。我慢に我慢を重ねていた我が水兵もここに至って遂に火蓋を切った。その際二名の死者、数名の負傷者を出したが、それからの支那人の騒ぎはほとんど埒を逸し、例の食糧封鎖はもとより日本人使用の店員からボーイの末まで引上げて仕事をさせない。危険は日々増し募るばかりなので、六月五日遂に居留民全部汽船沅江丸に引揚げることになった。その時も船は沖掛りとなっているし、苦力、ボーイは罷業中であるし、邦人各自が蒲団を背負ったり子供を両脇に抱えたりして船に乗り込んだ。小蒸気船までの間が水の中を歩かねばならぬので、女など裾を捲り上げると河岸で見物している群衆がドッと声を揚げて笑う。実に口惜しいがどうすることもできない。

その後約二ヶ月、夏の暑い盛りを船上生活に苦しめられたのであった。今回引揚げた長沙の邦人に対し、漢口滞在中の長沙領事から電信で以って復帰を勧めてきたのに「万一の際は船上に避難する覚悟で復帰されたし」という一句があったが、長沙の人々の中には船上避難と聞いただけでも、身震いすると言うていた者もあった。

恐怖の一夜

船上避難の困苦も耐え難いものであろうが、ここに右の六一事件当時、水兵の銃弾で斃れた支那人の隣家に居住していて、幾時間かを極度の不安に脅えていた邦人の話がある。異域にありて度々生死に直面する我が同胞の境界を如実に物語るものとして特にここに採録する。

六月一日午前に友人が訪ねてきて、今日清汽船埠頭に行ったら水兵が上陸していて、大勢の支那人が棒切れなど持って騒いでいるとの話であったが、まもなく支那人が来て、日本水兵のためにやられた数名の支那人が血まみれのまま城内にかつぎこまれたとの話、この頃から市中なんとなく騒がしく、店の前を通る支那人の足並みも思いなしか殺気立っている。

午後一時頃になったら負傷した支那人の内二名は死亡したとの噂が伝わり、騒ぎはますます大きくなり日本人商店襲撃の噂さえ伝わってきた。これは困ったなと思うているうちに、南隣の支那人の家がにわかに人だかりがして騒がしくなった。様子を見ていると隣の主人は周宏順というがその息子が日本水兵に銃剣で胸部を突かれ入院したというので、近隣の者が集まって騒いでいるのであった。いよいよこれは困ったことになったと考えつつ息を潜めて引き篭っていると四時頃に主人の周が病院から帰ってきたようだ。騒いでいた連中は周を取り巻いてしきりに容態を聞いている、中には声高に日本人の攻撃やら悪口を言う者もある。まかり違えば即座に襲撃を受けるのは必定だ。殊に北隣は排日団の事務所で厄介な所である。かれこれ考えると気が気でない。

そのうちに周の大きな声で、「イヤ、あの時は血が大変だったので大事に見えたが傷はたいしたことはない、それに行ってはいけないというのに無理に行ったためにこんなことになったので、皆に心配かけるほどのものでない」という挨拶。騒いでいた者も張り合いぬけの形で一人去り二人去りして、まもなく静かになった。この時ばかりはまったく周の言葉が有難く聞かれた。二十年来の知り合いで日本人にも相当好意を持っている支那人だから、ことを大袈裟にしなかったでもあろうが、とにかく自分は周の言葉によって救われたような思いがした。早速見舞ってやって心ばかりの贈物などしておいた。

翌日は領事館からの注意で近所まで避難することになったが、何事もないのでまた店に戻った。しかし三日にはコックも朝飯を炊いたままで出て行って帰らない、水も汲めぬので湯も飲めない惨めさだ。一日がとても長いように感じられる。夜になって軍艦伏見の下航が遅れるから避難準備だけして置けとの通知を受けた。この晩は夜っぴて騒々しい。向かいの宿屋、北隣の金物屋では徹夜して日本人の悪口を言うている。宿屋からの話し声の中に一つ投ぐれば五ドルだ、朝までには皆死んだなど言うのが聞こえる。爆弾を投げる話か何ぞのように思えて実に気味悪い。逃げ出すには屋根からにしようか、明窓から出ようかなど、それからそれと考えて眠れない。そのうちに店の戸に、しきりに何か打ち付けている気がする。そっと行って見ると外から釘付けしている。しかし裏口もあるしするから逃げ出す分には差し支えないと思うているると、早くも夜が明けた。早速飛び出してみたがまだ学生らの影もないので、直ぐに引き返して家族を引き連れ日豊洋行に落ち着き、それから皆と一緒に沅江丸に避難した。河岸から小蒸気まで荷物を運ぶ際に、誤って水の中に落とすと岸上の群衆が手を打って笑う、実に最後まで

無念な思いをさされたのである。（今泉貫一氏談）

¶武漢三市飢饉状態

六月十八日に武漢市政府公安局は白米一包十八ドル以上に売るを許さずと布告したが、実際は従前一石十三ドル位が二十三ドルだ。それも米屋は大部分閉店しているのに、一人一斗以上は買えない、時刻は朝に限るという規則なので買入れも容易でない。食塩はこれまた大欠乏のため一人一斤以上の買込みを許さぬ、値段が三百六十文から五百六十文に暴騰している。食油も一斤を以って限度とし一斤八百文なのが一串二百八十文となった。支那人は二十年来かつてない民食の脅威だというている。次に外国人方面の物価もとっぴな騰貴で従前一箱一ドル以内で買えた莨が一ドル六十五セント、ウイスキー三ドルのが四ドル八十セント、鮮米が十ドル以内のが十八ドル、人参一斤八百文、白米五百六十文、ジャガイモ六百文。支那は物価が安くて生活が楽だなどと言うていたのは遠くの遠くの昔語りになってしまったわけだ。

宜昌　附　沙市

位　置　宜昌は湖北省に属し上海を距る九百五十一浬、揚子江の北岸にあり、有名なる三峡の峡口を扼《やく》す。
産　業　茶、漆、麻などの産地たり。
貿　易　一八七七年（光緒三年）芝罘条約により開港せられ、沙市とともに四川貿易の中継港として重きをなせり。
在留邦人　男　四十人　女　四十六人　合計　八十六人（昭和元年十二月末現在）
日本官衙　日本領事館
（附）沙市は湖北省に属し上海を距る八百八十一浬、江の北岸にあり。古の所謂荊州の地たり。産物は米麦、綿花等なり、日本領事館の所在地にして、在留邦人は男十七人、女五人、合計二十三人《ママ》。

支那人の租界設置請願
租界回収、国権回復が一つの流行語になっている支那において、その租界地設定の請願を、しかも支那人側より提唱し、中外の人士を驚かしたのは実に宜昌であった。宜昌の市民は自国の統制よりも列国の治下にあることを切望するほど、それほど暴虐に苦しめられてきた。而して同地在留の我が同胞がそのたびごとに惨苦を嘗めたのはいうまでもない。

宜昌では排日も盛んであったが、それよりもしばしば行われた軍隊の暴行が酷い。中でも大正九年と十年の被害は最も甚だしかった。九年十一月、これまで長江上遊総司令として羽振りをきかしていた孫傳芳が、突然福建省に左遷させられた際に、宜昌に駐屯していたその部下の軍隊が引揚げに際して宜昌全市に大暴虐を加えた。在留邦人側では東亜興業会社出張員鎮目氏が支那兵に斬られ重傷を負うた以外には、死傷者こそなかったが、各戸ともほとんど一物を留めざるまでに掠奪された。しかも九年十年と打ち続いての邦人損害は賠償要求は出ているそうだが今もって解決しない。

その次の十年五月の暴行は、呉佩孚系統の軍隊により行われたが、掠奪する外に火を放ったのでその被害は前年に増し甚だしく、邦商の中でも武林洋行支店は類焼の厄を蒙った。宜昌唯一の日本人旅館福田館の如き階上階下軍隊に土足で踏み込まれ、皿小鉢まで持ち去られてしまった。その他ほとんど掠奪を免れたものなく在留邦人で負傷した者も少なからず、三宅氏の妻君の如きは指輪までもぎ取られた。前に言った支那人側の租界設定請願は、実にこの時においてなされたのであった。

降って大正十二年夏の排日には、以前にも増した侮辱を受けた。日清汽船会社の如きは積荷の妨害、乗客の阻止など、かなり執拗に苛《とが》められ多大の損害があった。それ以後は大した事変もなく、支那人側でも呉佩孚の幕僚盧金山の統治の下に比較的平穏を保ってきた。然るに十五年七八月頃に至り、呉佩孚側と今日の国民革命軍の対峙を見るに際し、突如として湖北援助の名の下に四川省の揚森軍が宜昌に入ることになった。何を申せあまり広くもない宜昌市中に一時に二万の兵を押し込んだのであるから、満街薄汚い四川兵で埋められにわかに物騒さを増してきた。

在留邦人の間にはその頃からなんとも言えぬ不安に脅かされていたが、果然十二月に至り沙市方面の敗戦で川軍全部引揚げとなり、その月の十二、十三、十四の三日間は火事場のような混乱を呈した。その際支那人側はかなりの暴行掠奪を受けたが、さらに十七日には革命軍の来襲により市街争奪戦が演ぜられ、同日午後三時より夜の十二時頃までは銃声に悩まされた。その際北軍の小舟で逃ぐるのを撃った革命軍の銃弾で軍艦「堅田」の水兵一名が即死した。その後三四日間は全市閉戸、往来まったく途絶した。

邦人は掠奪を予想し、川軍引揚げ着手と同時に逸早く領事館に集合避難したので無事なるを得た。革命軍の入市後は別に騒擾もなかったが、商売は休止同様で市中なんとなく落ち着かぬ上に、一月末頃より共産派の手によりて各地と等しく労働者、商店員などの工会が作られ、他所並みの運動が継続された。宜昌は大した工業もないし労働者の数も多くないが、それでも埠頭人足（苦力）約二千人、車夫二千人の外、各種の手工業者、店員、外国人使用人などに至るまで無数の工会ができ、それぞれ乱暴な要求で相手方を苦しめたのは言うまでもない。邦人側も賃金値上げ待遇改善など、宜昌のような田舎にはあまりにとっぴ過ぎる要求を受けた上、食糧封鎖までやりかねまじき形勢となった。

避難と引揚げ

こういう矢先へ南京事件が伝えられ、引き続いて漢口暴動が伝わった。四月三日の夜、米国軍艦が受け取った無線電信として伝えられたのは、日本人死傷数百名、支那人は数千名の多きに達し、日本軍艦は発砲したなど、かなり大袈裟のものであった。そこで日本人会長三宅彌平氏は自身で各戸を廻り、即時日清汽船会社に集合せしめ凝議の結果、グズグズしていては、杙子（小舟）罷業などのため、引揚げ不能となる恐れあるにより、至急軍艦に避難することに決定し、早速軍艦「勢多」に交渉し快諾を得たので、その夜十二時頃婦女子共八十八名が軍艦上の人となった。同時に日本人会としてこの旨を領事館に通告した。

それから一週間後の十日晩に日清汽船の武陵丸が到着したと同時に、領事館より引揚げ命令が発布された。その間一週間はどうなるのかわからぬ上、市中は危険だというので上陸禁止されていたため避難者は何一つ取り出せなかった。出帆間際に引揚げ命令が出たためにかようなことになった、もっと早く分っておれば何とかして荷物の手配もできたはずだと称し、領事館の処置を恨んだ者もあったが、何事も後の祭りだ。いよいよ長の年月を住み馴れた土地を離れることになった。何時帰れるとも分らぬので、留守はボーイや他の支那人に託する者もあったが、多くはすべてを放棄して引揚げた。今日ではどうなっているか分らない。

さて武陵丸が入港するというのであらかじめ各人希望の室を申し込んでおいたが、着いてみると同船は御用船として溯江したとの船員の話、それで各人からの室の申し込みを取り消し、民会と領事館立会いで室を振り当ててもらった。十一日宜昌出発途中何事ともなく十五日に漢口に着いたが、御用船であったはずの同船から食費六百ドルの請求、これには皆弱ったが交渉の末三百ドルで負けてもらい、漢口以下は一同の経済を考慮し、宜昌より持参の米と漢口居留民団より寄付の米の外、食糧品を買い込み船内で自炊することにした。上海長崎間は船賃二割引、内地汽車賃は五割引の特典で、それだけの旅費にも困る向きへは警察側と民会長で詮考の上、一人四十ドル宛を貸し出し、なお長崎県からは無料宿泊の取り扱いをしてくれた向きもあった。こうして長崎に上陸したのが四月二十二日。ここで八十余名は袂を別った。

なお下江途中で武陵丸は沙市に立ち寄り同地の引揚者十四名を収容した。沙市は昨夏以来、貴州軍と湖南軍の侵出、四川軍の東下、革命軍の西伐など数次の兵禍に見舞われ、在留邦人もそのつど余沫を浴びせられた。

これは後日譚であるが、漢口に引揚げていた沙市駐在の市川領事は六月下旬、もはや大丈夫だというので館員と二三の在留邦人を引き連れて溯江し、沙市に上陸、江岸から程近い領事館に行ったら門口に支那兵がいてピストルを突き付け通過を許さない。彼らは領事の留守中を我が物顔に占領していたのである。押し問答もピストルには叶わない。領事一行はむなしくハルクに引き返し、そこで立ち往生の憂き目を嘗めさされたという。

¶小鳥の買戻し

漢口に八哥というて話のできる小鳥がある。ある日本人がそれを飼育して庭先の木の枝に鳥籠をつるして置くと何時の間にか見えなくなった。早速飛び出してみると苦力のような男がそれを提げて駆け出した後だ。追いかけて叱責するとその男は『盗人とは何だ、この鳥は俺が買ってきたのだ、ただ返せと言ったって返すわけに行かぬ、しかし売ってくれと言うなら売ってやらぬでもない』と、えらい剣幕で逆襲してきた。『みすみす自分のものを盗まれていながら、とうとう一ドル出して買い取られましたが、イヤモウ隠忍自重とやらには懲り懲りしました』とは当人の直話。高い代償と貴重な犠牲を払わせられた満洲や台湾がまた候以前にも増した代償と犠牲を払わされねばいいがとは、そこらの皮肉屋だけの話でもあるまい。ご用心、ご用心だ。

重慶 附 成都、萬県

位置 重慶は四川省に属し上海を距る千三百五十浬、揚子江嘉陵江の会点に在り。

歴史 秦漢巴郡の地にして宋代に重慶府を置きその後巴県と改称せり。城は江面より百フィート乃至百五十フィートの高台に在り、周囲十六支里、高百尺の城壁を有す。

産業 繭、桐油、牛油、豚毛、羊毛、獣皮、漢薬、塩、砂糖などの産地

貿易 一八七六年（光緒二年）芝罘条約により制限的開港場となり一八九一年（光緒十七年）日清条約により完全に開放せらる。四川省唯一の開港場として年五千五百万両の貿易額を示せり。日本専管居留地は朝天門対岸約十町の下流に在り、馬関条約に基づき設定せるものなり。

在留邦人 男　七十四人　女　四十三人　合計　百十七人

日本官衙 日本領事館

（附）

成都 は四川省の首都にして、古の巴蜀以来都城の地たり。周囲三十支里、高三丈余の城壁を有す。日本総領事館あり。在留邦人は男八人、女九人、合計十七人

萬県 は四川省に属し江の北岸にあり宜昌重慶の中間に位し、桐油、紙、薬材など外

国輸出品に富む。未だ開港場にあらざるも一九一七年海関分関設置以来、事実上貿易港たるに至れり。重慶日本領事館の出張員駐在す。在留邦人男女共十七人。

雲陽丸上の決議

重慶今回の邦人引揚げは他とすこぶる趣を異にしている。四月二十六日重慶出帆後、雲陽丸船中において居留民大会を開き左の如き決議を発表した。

四川現下ノ状勢ハ吾人ガ多年刻苦経営セル地盤ヲ放擲シテ退去スルノ必要ヲ認メズト雖モ、政府ノ命令ニ服従シ犠牲ヲ顧ミザル所以ノモノハ、実ニ此機会ニ於テ対支ノ禍根ヲ一掃スベキ国家ノ政策ニ信頼スルモノアルガ為メナリ。庶幾《ねがわ》クハ吾人ノ引揚ゲヲシテ無意義ナラシメザランコトヲ。

右決議ニヨリ敢テ当局者ニ懇望シ、併セテ同胞ニ宣明ス。

昭和二年四月二十六日引揚ニ際シ

在四川邦人大会

これは一見不思議に考えられる。しかしそれには四川は四川としての事情がある。一体四川という所は、地理的に隔絶せられている関係上、中部支那とのすべての交渉が鈍いように、政治軍事など方面においてもむしろ一独立国の観をなし、大小幾多の勢力が四川一省内を舞台に覇を争うている。最近では劉湘以下六大軍閥があって互いに相牽制し均衡を保っていたが、最初呉佩孚擁護のために三万の四川軍を湖北省に入れた揚森（六大軍閥の一人）が、革命軍勢力の増大に圧されて寝返りを打ち、他の軍閥の巨頭も相次いで革命軍を標榜することになった。揚森が革命軍第二十軍長として宜昌において晴天白日旗を掲げたのが昨年十月二十三日。劉湘の二十一軍長、頼心輝の二十二軍長、劉文輝の二十三軍長就任が本年一月。二十八軍長鄧錫候、二十九軍長田頌堯が一番遅れて二月に就任した。もちろんこれらは純粋の軍閥である、軍長就任は看板を塗り替えたに過ぎない。しかし共産派の宣伝の波は何時の間にか三峡の険を突破し、彼らの脚下を洗うに至った。

重慶において左傾派の色彩がやや鮮明になったのは昨年九月頃からであったが、十月には左右両派の争いは頂点に達し、結局国民党四川省党部は左傾派の占握するところとなり、十一月には右派の首領石青陽の逃亡となった。ここにおいてか共産派は各地同様、軍隊に政治部を置いたり、各種の工会をこしらえたりして大いに勢力扶植に努めたが、しかし四川のような土地柄では容易でない。工会の如きも各種の罷業を企てるには企てたが、予期したような勝利を得なかった。二三年前に排日の産物としてできた洗毛帮と称する豚毛を整理する職人の団体などが多少活躍したぐらいで、靴屋印刷屋など一時騒いだ連中もまもなく瓦解した。

そのうちに共産派すなわち左派と団防との衝突が持ち上がった。団防というのは軍隊または土匪の横暴に備うるため、その土地々々でこしらえた自衛団である。これは支那各地にあるが四川の団防は最も有力である。この団防が反共産の態度を持している。共産派では勢力普及が面白く行かないのは一つはこの団防あるが故だと考えた。折柄南京事件が勃発した。共産派においては英米軍艦の南京砲撃を題材に、盛んに排英、反帝国主義を叫び、三月三十一日には排英市民大会を開くことになった。

共産党当日の計画は一大示威運動を行い、一隊は城内、一隊は対岸を遊行し、英国領事館、支那側交渉使署（これは対外的に無能だというのだ）英国人居留地などを襲い、同時に団防の首領株を捕獲するというのであった。これを察知した六大軍閥ではその前夜深更に軍官会議を開き、共産派の一網打尽を企て、大会の警備はわざと一百名の商団兵に止め、駐防軍隊の大半を出動せしめて城外の要所々々を固むる外、二三百名の便衣隊すなわち平服隊を選抜して会場内に混入せしめ、事を挙ぐるの手筈を定めた。而してその二三百名の平服隊は群衆と区別するために素足に草鞋を履かせて目印とした。

当日の大会会場は重慶城内の一番高い所で、打鎗壩と称し昔の練武場である。二方は城壁に限られ一方は領事街の大厦高屋に隣接し、残った一方だけが唯一の通路になっている。さて当日となったが、会衆の大部分は学生と労働者で学生は学校からの命令で校長教員が引率し来り、出席をいやがる者も成績点に影響するというので無理にも出てくる。職工労働者は全部仕事を休んで出席したのであるから、総数七千と称せられさすがの重慶第一の広場も人を以って埋められた。

やがて開会という間際に轟々たる爆竹の音を合図に群衆の間から一斉に起った例の平服隊は、梶棒を揮って手当たり次第に会衆の向う脛をかっぱらう、不意を打たれた群衆は先を争うて逃げ出す、通路は一つしかない、踏みつぶされる者、殴り殺される者、悲鳴、叫喚、たちまちにして一大修羅場を現出した。当日踏み殺された者は百六十余名、中でも小学生徒が多く、負傷者は五六百名の多数に上ったという。

当日の幹部、すなわち共産派の場内で殺された者が数名、城外に逃げ延びた者で軍隊に捕えられ墓地の蔭で銃殺され、そのまま埋められたため今でも行方不明なのが多数ある。その中で面白い話がある。第三インターナショナル側の幹部で揚闇公なる者がいた。これは日本留学生で明大か法政出身であるが、当日は首尾よく城壁より飛び降り軍隊の警戒線をくぐりぬけ、江岸に落ち延び二三日を隠れていたが、ある日女装して妻君と共に亜東号という汽船に乗り込んだ。これを嗅ぎつけた密偵は二三回も船内を調べたが分らぬ。しかし必ず居るはずだというので一人々々注意してみると、髪の様子がいかにも怪しいのがいる。引っ張り出してみると果たして揚だったので、営内に引致し二三日がかりで取り調べたが、押収した書類で漢口より第三インターナショナルの金七万五千ドルを受け取ったことは明らかであるに拘わらず、残金五万ドルの所在はどうしても白状しないのでとうとう銃殺された。

領事の引揚げ命令

この事件は四川としては近来稀なる惨事である。しかも年少学生の多数が殺されているので、普通ならば市民の物議をかもすところだが、大会に参加したという弱みもあるので泣き寝入りとなった。支那官憲ではこの二三日の後に、共産派は国情に適しない、我々は飽くまで三民主義を遵奉し蒋介石を擁護し、共産派を排除するとの意味を、六軍閥の名義を以って通電した。

同時に瀘州、叙州、成都など各地とも共産派狩りを強行せるため、四川だけは共産派も何事も成すなくして屏息してしまった。残党もそれぞれ上海なり漢口なりに逃げ去った。

その後四月三日の漢口事件が伝わった際には、支那官憲はこれが発表を抑えて新聞にも掲載せしめず、努めて謡言を取り締まったため何事も起こらなかった。在留邦人においてもなるべくそれに触れないことにして極めて平穏裡に平常どおり仕事に就いていた。

然るに四月十一日に至り、領事は外務大臣の命令なりと称し、在留民引揚げの準備を命じた。この引揚命令の電報は、四月四日に発せられたものであるが、陸上電信であったために八九日頃に重慶領事館に到着、それと前後して日清汽船の雲陽丸が軍艦鳥羽と共に引揚げ邦人輸送のため遡江の途に就いたとの情報もあったが、皆何のために引揚げねばならぬか分らないでいた。

もし単に生命の安全を欲するということならば、四川の現在ほど安全の処はない。また真に引揚げを実行する意志ならなぜ海軍の無線電信を利用しないかなど考えられた。しかしいわゆる国策の発動かまたは命令とあれば拒むことはできない、国策の犠牲となるということはこんな際かなとも考えた。そのうちに下流方面から詳しい情報が来る。南京では掠奪凌辱、第二の尼港事件さながらであった、漢口も空前の暴行が演ぜられたというような事柄が伝えられる。そこで邦人一同は日本政府がいよいよ最後の決心を定めたものだと信じ、何はともあれ引揚げを決行することにしたが、しかし現在の実情なり在留民の意向なりは十分明らかにしておく必要があるというので、さてこそ前記のような決議を発表したのであった。

航路難と排外暴動

孤帆遠影碧空盡。惟見長江天際流。洋々大海のような揚子江も、上海を距る約一千浬、宜昌に至っては川幅とみに窄まり、山壁両岸を圧して峙《そばだ》つ。すなわち三峡の険である。重慶はこれよりさらに四百浬の上流にあるが、この宜昌重慶間の航路は世界的に有名な難航路で、かつ江水増減の差が甚だしいために、現在までのところでは日本汽船の航行可能期間は三月末から十一月末までとされている。やや専門的に言えば、喫水六フィート以上のA級船は四月末より十月末まで、六フィート以下のB級船は三月末より十一月末までとなっている。三フィート内外のC級船でも一月末より三月末までの二ヶ月間は航行不能である。以上は商船であるが軍艦に至っては「勢多」「比良」「保津」などの如き小さなものでも、規定どおり言えば動けない期間が多い。かような状態であるから、仮に万一のことかあるとして、もしそれが減水期間であれば、在留民はどうすることもできない。下流方面から救助しようにも方法がない。民船で下るとすれば危険この上もないのみならず、排日の際でもあればそれさえ不可能に終らねばならぬ。実に厄介な処である。

それに前に述べたような政情であるから、何時動揺しないとも限られない。現に大正十四年五月三十日、上海での英国巡査発砲事件が起こった際の如き、直ぐに重慶にも波及して盛んな排外運動となり、在留同胞もかなりの迫害を受けた。支那人の近来においての慣用手段である邦人使用支那人の引上げ、食糧封鎖計画はもとより、後には邦人の生命にも迫るに至った。軍艦「比良」乗組員二名はわずかの間違いより暴徒のために袋叩きにされ、同時に日本旅館又来館は暴徒が侵入して家具は毀す、掠奪はする、惨憺たる災害を受けた。当時城内在留の邦人は全部対岸の居留地に避難したが夜半を選んで朝天門、大平門の二ヶ所より身を以って逃げ出た。その後暴民は居留地境まで押し寄せ来たり、何時いかなる事変を起こさぬとも限られぬ形勢となったので、碇泊中の軍艦「比良」より萬県碇泊の「保津」に電信で来援を請うた。「保津」は早速上航して来たがその時には重慶衛戍司令から手兵を派遣して鎮撫に努めたので事なきを得た。それでも約二ヶ月は不安に脅かされていた。

かようの次第なるが故に、もし一朝国交上に支障を来たすとかまたは漢口、上海などに重大事変が起こるとかした場合には、国策を断行しまたは在留邦人救出を必要とする上において、急遽引揚げを命ぜらるるのは当然であろう。これらを考慮した同胞はいよいよ引揚げの準備を整え船の到るのを待った。

四月二十二日、雲陽丸は日清汽船のマークを打消し、御用船の姿で入港したが、縦令容積の余裕があっても貨物は一切積ませぬというので、中には長く放って置けば腐敗する品物もあったが、全部そのまま残し手回り品だけを携え、八十九名の同胞は二十三、四の両日に乗り込みを了し、中一日を成都方面からの引揚者を待ち十二名を併せ、二十六日朝重慶出発、途中で萬県の引揚邦人十七名を収容、二十七日に宜昌着、二十九日同地を発し、漢口に就いたのは三十日であった。翌五月一日はメーデーで小蒸気もジャンクも動かない、やむなく二日に上陸、暴動の跡など視察した。ところが領事の話では、上流地方在留者の引揚地は漢口になっているから、ここで第二の命令を待たねばならぬが、漢口もみな引揚げる形勢にあるので皆下江するのも宜しかるべし、それには一人四十ドルの旅費を貸し出してもいいとのことであった。長い間の山奥生活から追われてきた連中である。やっぱりここまで来た以上は内地までということになって、一議もなく領事の勧告に添うこととした。五月三日漢口の第四回引揚者と共に鳳陽丸、武陵丸と共に雲陽丸にて下江、六日上海着、同地の商業会議所、民団などの慰問を受け、大部分は翌日の船で内地に帰還したのであったが、未だに引揚者同士の間に話題になっているのは、一行が漢口に着いたらそこの人々から一日千秋の思いで待っていたと言われるし、上海ではある海軍将校から君らは日本の寵児だと言われるし、何がなにやら不得要領で挨拶を返してきたが、今日でもやはり不得要領だということである。聞かされた編者もやはり不得要領だ。

¶半年たたぬにこの始末

漢口では七月に入って共産派駆逐運動が台頭し、武漢清党同志会など言うものができたが、途上に撒かれている伝単や貼り紙にはすこぶる振るった文句がある。曰く「鏟除流氓的工会」「鏟除提唱獣欲新法買淫的婦女協会」曰く「鏟除欺騙農工的共産党」「鏟除屠殺良民的共産党」さらに振るってるのは「捉拿鮑羅庭、徐謙、鄧演達!」だ。鮑羅庭すなわちボロヂンがこの一二月に武漢に乗り込んだ時には、革命の神様、支那の救世主として狂熱的歓迎を受けた。それがどうだ、歌の文句じゃないが半年たたぬにこの始末、昨日の神様は今日の悪魔だ。あてにならぬは支那人の心。お互いに深入りは禁物なり。

船舶の被害

迫害の解剖

日清汽船株式会社は、揚子江本流において上海重慶間の一千四百浬、支流において漢口湘潭並びに常徳間の航路に亙り、大小二十余隻の汽船を配備し貨客の輸送に従事しているが、十数年来排日の度ごとに蒙った被害は別として、最近の動乱による被害——というよりもむしろ迫害というほうが適当である——はすこぶる激烈なるものがある。本書編纂に際しこれが解説を試みんとするのは、単に一会社の損害を数うるにあらず、実に目に余る支那人の横暴惨虐とこの間に処する者の艱苦を伝えんと欲するのである。

日清汽船の蒙りたる被害はこれを左の四項目に大別することができる。

一、航行中の射撃
二、強制停船臨検
三、暴兵暴民の無賃乗船
四、汽船の徴発または物品掠奪

日清汽船の発表した以上四項目に亙る被害統計によれば、大正十五年六月二十七日より本年三月二十日に至る約九ヶ月間内の被害件数百八件の多数に上っている。編者は試みにこれを地方別、月次別、軍隊所属別、被害種類別の四つに区分してみた。左の如し。

被害地方別

湖南省	一六
湖北省	七七
江西省	一二
安徽省	二
四川省	一
合計	一〇八

右によれば湖北省が三分の二以上を占め、その次が湖南、江西の順序になるが、これは今回の動乱が湖北を中心に行われたのと、従って南軍すなわち国民革命軍の跳梁の最も甚だしかったのを示すものである。

右表では九月と十月が最も多い。これはあたかも南軍が漢口を占領し、湖北、江西に亘りてしきりに兵を動かしていた前後である。しかも九月の三十一件の内、北軍の五件に対し、南軍二十六件の多数を示せるのは、いかに南軍の行動の事毎に傍若無人なるかの一証である。けだ

被害月次別

月　次	南軍	北軍	四川軍	合計
六　月	1			1
七　月	3	4		7
八　月	5	7	1	13
九　月	26	5		31
十　月	16	6		22
十一月	2			2
十二月	3		2	5
一　月	15			15
二　月	8			8
三　月	4			4
合　計	83	22	3	108

し北軍時代にはかくの如き迫害はほとんどなかった。四川軍、というよりも四川の土匪が上流航路においてしばしば只乗りを強いたり掠奪を試みたりしたことはあるが、その他ではこの種の暴行はあまり聞かなかった。たまたま有りとすれば排日暴動団の加えた被害くらいのものであった。然るに南軍となっては、いかにも当然の権利なるかの如く振舞うている。これは次の軍隊所属別の数字を見ても思い半ばに過ぐるものがあろう。

軍隊所属別

南軍（国民革命軍）　八三
北軍（呉佩孚軍その他）　二二
四川軍　三
合計　一〇八

最後に被害種目別を見れば、南軍の横暴惨虐の意外に甚だしきに驚くであろう。

南軍の湖南、湖北に侵入して以来、通行船舶に対する江岸からの射撃事件が頻々として伝えられた。時には外国軍隊さえも銃弾を浴びせられたことがあった。これに対し日本人側、殊に海軍側などでは、田舎から出て来た南軍兵が珍しさに鉄砲を撃

被害種目別

被害種目	南軍	北軍	その他	合計
航行中の射撃	36	19	1	56
強制停船臨検	18			18
暴兵暴民の無賃乗船	27	1	1	29
汽船強制徴発または掠奪	2	2	1	5
合　計	83	22	3	108

ち放すのだとか、無智なために外国船の区別を知らないためだとか或いは国旗の種別を弁ぜないためだとか、とかくに非常に割引して解釈されていた。そのために汽船の船腹に「日本商船」とか「日本兵船」とか大書したり、日章旗を大きく書き込んだりしたものだ。しかし依然として射撃する。否かえってますます盛んになったようであった。

言うまでもなくこれは、決して文字を知らないまたは国旗の種別を知らないためではなかったのだ。排外というよりもむしろ侮外の現われでなくて何であろう。相手の腹を割引して考えてやっていい事と悪いことがある。以上のような事件の如きは洒落や戯談ではない、直ちに国威と民生を脅かす事柄なのだ。慎重の考察が肝要であろう。

次に強制臨検と無賃乗船がほとんど南軍に限られているに至っては、一躍して世界革命の急先鋒となりすました南軍の図々しさを如実に示すものである。国民革命の美名に塗り隠された非人道的な、無恥な全面を遺憾なくさらけ出したものである。

遭難船長の報告

最後にこれら暴兵横暴の実例を紹介するため、日清汽船大利丸、大貞丸両船長の日清汽船会社宛報告書を左に引用する。

(大利丸船長報告)

漢口九江両地間往復軍兵の横暴なる不法乗船に関しては既に御報告申上候処にて、本船(第八七〇次)の如きは乗船者異常の多数に上り、九江上流においては上甲板各等室内はもとより各甲板端艇上よりさらに「オーニングデッキ」に溢れ、船首楼また立錐の余地なく、士官食堂には窓より乱入し士官居室の窓ガラスを破壊して闖入せんとするあり、その混雑名状すべからず。しかも九江並びにその上流各停船地よりの乗客数約一千名中八百余名は不法無賃乗船者にして、二百余名の軍人の外は皆平服旅客なるも、多くはその友人或いは親戚と称して運賃の支払いに応ぜず、加之《しかのみならず》通路の閉塞は乗船切符の点検に甚だしく困難を来たし、誤って軍人の手足を踏むが如きことあらんか忽ち乱暴の挙に出ずるを以って係員の動作意の如くならず、この間に乗じて不法を働く徒輩の乗ずるところとなり、一層不法乗船者の増加を招来せり。最近五航海におけるこれら不法乗船者数を表示すれば、

航次		軍服者	平服者	上下各航別数	合計
八六六	上航			四〇〇	六五〇
	下航			二五〇	
八五七	上航	大部分軍人にして		五五〇	七五〇
	下航	普通客は二割内外なり		二〇〇	
八六八	上航			三〇〇	一〇〇〇
	下航			七〇〇	
八六九	上航	二〇〇	一〇〇	三〇〇	四五〇
	下航	八〇	七〇	一五〇	

八七〇	上航	二〇〇	八〇〇	一〇〇〇	一八〇〇
	下航	五〇〇	三〇〇	八〇〇	

（以下略す）

（大貞丸船長報告）

本船第八四六次上航、昭和二年三月十五日午前十時三十分上海港解纜《かいらん》、途中南京港出帆の頃より乗客は船室及び室外に溢れ、さらに上航蕪湖港に到達しては乗客いよいよ増加し、特に同地よりは革命軍麾下の無賃乗船兵士約五十名乗船し、軍人並びに一部乗客は上層遊歩甲板上に占居して船員の行動並びに一般乗客の通行妨害する事甚だしく、ためにこれを整理すべく三月十七日午前十一時半頃、本船一等運転士は上層遊歩甲板上「メスルーム」外側において、当時同所に居りし買弁及びその部下苦力に整理を命じ、なお足らざれば二等買弁を呼び寄せよと命じたるに、突然側面より怒声を挙げて一等運転士を殴打せる兵士あり、これに雷同せる周囲の軍人は喊声を揚げつつ一等運転士を包囲脅迫せるも、非当直職員一同その喊声に気付き馳せつけ、ようやく一等運転士を「メスルーム」に避難させ事済み候。この間一等運転士は終始反抗的態度なきに拘らず斯くの如き暴行に逢うを見ては、我ら船員の地位いよいよ不安と相成り候。当時「メスルーム」外側近くに職員室有之幸いにも難を免れ候えども、もし直ぐに職員一同の来援を得ざるほど距たりたる個所ならんか、一等運転士の危難は

想像するだに肌に粟するもの有之候。（下略）
この外前記一〇八件の被害の内の最も甚だしいのを挙ぐれば、本年三月十二日、鳳陽丸は漢口において北軍解散兵約一千名の不法乗船のため一日遅れて出帆するを余儀なくされた。昨年十一月三日湘江丸は湖南省琴棋湾において射撃せられ、武装せる南兵二千余名押寄せ来たり掠奪を逞しくした上、松本船長を拉致し数日後に至りようやく釈放した。本年三月十八日大貞丸は蕪湖上流にて南兵及び無頼の徒約一千五百名無賃来船し備品を掠奪し邦人船員を殴打した。同二十日大吉丸も同場所において無賃乗船の南兵の横暴のため、特別客及び邦人船員は安慶、漢口間約二十余時間絶食のままで航行を余儀なくされた。
乗組員並びに乗客の被害は、日本船員一名負傷、支那人船員並びに乗客の即死二名、負傷者は十数名の多数である。この外、不当課税その他による金銭上の被害もかなりの巨額に上っているようであるが、詳細の数字が得られないからここには略することにした。

武漢失業労働者

六月初旬の調査によれば漢口武昌の支那人失業者実に十六万。その内訳左の如し。

（一）革命軍来漢前

漢陽鋼鉄廠職工	三〇〇〇人
漢怡萍交通運輸職工	一〇〇〇
染織職工	二〇〇〇人
以上職工の家族	一二〇〇〇
碼頭苦力、租界局工人	三〇〇〇〇
遊民	一〇〇〇〇
合計	五八〇〇〇

（二）革命軍来漢後

武昌紡織職工	一〇〇〇人
揚子機器廠職工	七〇〇
漢陽小機械工場職工	一八〇〇
染織職工	一〇〇〇
建築職工	三〇〇〇〇
碼頭苦力	三五〇〇〇
竹木運搬苦力	七〇〇〇
小車苦力	三〇〇〇
煉瓦製造苦力	一〇〇〇〇
錢業店員	七〇〇人
質業店員	三〇〇
各業店員	一〇〇〇
英米煙草職工	三〇〇〇
泰安紡績職工（日）	三〇〇〇
日本人工場工人	四〇〇
日英人使用人	三〇〇〇
合　計	一〇〇九〇〇

以上（一）（二）総計　一五八九〇〇

（附録）

外務省公表文書

南京事件の発生と我が方の措置（三月二十六日外務省公表）

山東軍南京の守を失し敗退の徴候あるや在南京領事館は下関駐在の第二十四駆逐隊司令と協議の上予め武装しない水兵二十名を士官引率の下に領事館に派遣し城内在留邦人を館内に収容し之が保護に努力した、然るに三月二十四日午前四時半より南軍南京城内に入り間もなくその将校は三十名の兵士を率いて領事館に来たけれども何事もなくして立去った。

午前七時半着剣した兵士多数領事館に乱入暴行を始め水兵領事館員らの制止を肯かず暴行を継続し其の間駐在武官根本陸軍少佐及び木村警察署長負傷したが正午党代表来館し暴兵を立ち去らしめ次いで南軍第六軍長来着、警戒兵を派し来たったので纔《わず》かに事なきを得た。

之より前下関における我が第二十四駆逐隊司令は二十三日山東軍敗兵渡江の際下関において銃砲を乱射し掠奪を行ったのを見て下関在住の邦人中先ず婦女子を駆逐艦檜日清汽船蔓船及び領事館に収容し次いで二十四日後述の如く英米船艦との間に砲戦を開くに至り益々危険を感じたけれども隠忍自重の態度をとり下関残留の居留民を全部艦内に収容することに努力した、其の際南軍の乱射を受けて日清汽船蔓船に集合中の後藤海軍一等機関兵は流弾のために殉職し、其の後流弾益々烈しくなったので駆逐艦は居留民を収容の上安全地帯に転錨し形勢の推移に注意して居た。

折柄前記城内危急の報に接し、二十五日朝駆逐隊司令は自ら特別陸戦隊を率いて城内領事館救護に向かったが其の途中南軍側より城内は鎮静に帰しもはや危険はないから列国側の砲撃を中止あり度き旨の通報に接したけれども尚城内の混乱を憂い南軍側と交渉の上城内に入り午前十時半領事館に到着、同日午後六時四十五分領事以下居留民全部を駆逐艦に収容した。

英米側においても二十四日城内の居留民を英米領事館に避難せしめんとした処城壁より南軍兵士の射撃を受け且つ碇泊の軍艦を目標に乱射し始めたので英米軍艦之に応射し避難民援護と同時に南軍威圧の為約一時間砲撃を行った。二十四日中の英米司令の情報によれば米国人男子九十余名女子四十五名、英国人二三十名は未だ生死不明の状態で之を収容し得なかったが二十五日に至り英米領事館も亦前日南軍の為に襲撃せられた模様であって現に英国領事、館員、英水兵三名負傷英人港務員一名死亡者あること明白となった、其の他英米在留民は一時抑留の危険に陥ったけれども前記砲撃の為附近の支那軍愴惶として逃れ同時に英米連合陸戦隊は避難民を城外に助け出して夫々軍艦に収容した。

以上の形勢に対し上海に在る我が遣外艦隊司令官は臨機の処置として上海より軍艦天龍に陸戦隊を乗せ即日南京に向わしめ同時に旅順に在る駆逐隊司令に対して駆逐艦一隻を残し他の三隻を青島に派遣せしめ青島に在る平戸を上海に急航せしむることとした。

尚南京事件に刺激せられ在上海邦人の憂慮不安の念一層甚だしきものあり、又既に上海の警備に就ける陸戦隊の一部を南京に送ったので之が補充方法に付き外務海軍当局協議の上不取敢応急処置として左の如く決定し目下その手配中である。

一、本月二十九日頃青島到着の予定である第一艦隊の一部を青島に急航せしめること

二、第一艦隊所属駆逐艦八隻を上海に急派すること

三、尚以上の処置は一時的の応急方法に過ぎないから別に内地において増援部隊を準備し必要に応じて之を上海に派遣し得るよう準備し置くこと

漢口日本租界暴動事件（外務省公表）

四月三日午後四時頃漢口日本租界内漢口銀行近傍に於いて我一水兵と支那人との間に争いを生じ附近の支那人車夫、人夫ら多数来援し偶々市中に居合わせた二三の水兵に対しても暴力を加え更に大挙して租界内に殺到したので我が総領事より陳友仁氏に取締り方を求めた処同氏は即刻秘書を派遣して鎮静に努めたけれども其の効なく群衆は遂に我が一般居留民及び其の家屋に対し掠奪暴行を開始するに至った、ここに於いて我が総領事は海軍司令と協議の上、陸戦隊二百を上陸せしめ初は空砲を放って暴民を阻止し更に地上に実弾を打付けて之を撃退すると共に租界及び隣接地帯にある在留民の引揚方に努めたが、午後七時頃に至って形勢益悪化の徴が見えたので夜を徹して租界内の邦人を一先ず日清汽船大福丸に避難せしめ、他国租界及び支那街方面の在留民は支那保安局の協力を得て四日早朝までに殆んど漏なく汽船内に収容した。

本件に関し陳友仁氏は直ぐに人を遣わして遺憾の意を表すると共に革命第八軍中より選抜せ

る約五百名を日本租界境界に急派して群衆の租界に入ることを禁止し軍長唐生智氏も三日深更我が総領事を訪問して陳謝する処があった。

右混乱中行方不明となった同胞十名は支那衛戍司令部の収容を受けその中在留民四名は五日、水兵六名は七日それぞれ国民政府官憲護衛の下に我方に引き渡され又租界外在住者中泰安紡績の就業全員六十余名も支那側の保護により七日租界内に収容を了った。本件に基づく本邦人被害の程度は目下取調べ中である、因に漢口在留民中千三百名は六日日清汽船襄陽、大福二隻に乗込み駆逐艦浦風護送の下に上海に避難した。

其の後支那側では引き続き軍隊を租界境に駐屯せしめ絶対に支那人の入界を禁止し総工会も亦日本人を襲撃することを警むる布告を発して労働者取締まりに努めている。

漢口事件詳報（四月十一日海軍省着電）

◇事件前の情況

（一）半月前より支那人の日本人を蔑視するの傾向甚だしく鉄路街邦人宅に盗難頻発、始めは女子供がひそかに盗みたるも段々図々しくなり公然と盗み去るに至った。次いで婦女子に投石し一週間前よりは水兵にも投石するに至る。

（二）陸戦隊の行軍に対し始めは道を避けたるも後には侮辱的態度をなすに至る。

（三）時節柄支那人の失業者多く貧困その極みに達し路上の石炭粉を拾い邦人の垣根を壊して薪となし不穏の気漲る。

（四）人力車夫の横暴甚だしく不当の賃金を強要するため外国人の乗車する者殆んどなし。

（五）邦人の荷物を打ち落として之を運搬し不当の要求をなす苦力さえ現わる。

◇事件の発生

（一）三日午後三時過ぎ水兵二名ツマヅル裏通り通行中支那人子供の投石に合い口論中大人来りて喧嘩を起こし更に暴民租界に押し寄せ来りしため水兵逃げかけたる処車夫の一団之をさえぎりて衝突し正当防衛のため一車夫を殴打したるに彼気絶を装いて倒る。

（二）事件を聞きて副領事現場に馳せ来りたるに群衆之を殴打せんとす、一支那人副領事を見つけ、日本の外交官なり殴打せば事面倒なりと群衆を制止せしため一時退く、倒れ居たる苦力は何等負傷なきを以って起きろと命じ彼起きかけたるに群衆は之を止め其の儘横たわらしむ。

（三）副領事帰らんとするや暴民に襲われ水兵を追い駆く、陸戦隊の揚陸半舷上陸中なりしも急を聞きて陸戦隊は直ちに準備をなす、一週間以来甚だしき支那人の愚弄に憤慨し居り且つ目前の暴行を知れる乗員は期せずし総員上陸を願い直ぐに準備を整う、時に午後四時頃一小隊総領事館前に整列す、折しも数千の群衆小学校前まで来り子供を先に立て赤旗を振う、指揮者の下に喊声をあげて河岸に殺到せんとす、陸戦隊直ぐに道路に散開して小銃を擬す、先ず空砲を放ち次いで数発の実弾を撃つ、暴民雪崩を打って退却掠奪しつつ租界外に向かう、平和町に接近するや頑として退かずやむを得ず陸戦隊は本願寺の土堤に向かって機銃の脅威射撃を行う、群衆は痛く殴打されたる邦人四名を残して逃げ去れり、一隊は集合所の兵員収容のため投石侮辱の中を潜りつつ実包威嚇射撃にて漸く集合所に達し上陸員一三〇名を収容途中鉄路外の邦人をも収容租界内に引揚げ二百名の陸戦隊にて租界を護る、更に電燈会社に機関兵を派して運転点燈す。

◇支那官憲の態度

（イ）陳友仁は当夜馳せ付け総領事に対し遺憾の意を表し当方にて全責任を以って解決すと言えり。

（ロ）唐生智又来りて遺憾の意を表し租界は支那軍隊にて護衛すべきを以って陸戦隊の撤退を要求す。

◇陸戦隊の一時撤退

総領事は支那側の誠意を尊重して陸戦隊を配するは却って彼を激昂せしむる恐れありと其の撤退を希望せり、時に支那側は軍隊を租界の周囲に配し、糾察隊と共に群衆を遠ざけ四日は日本人に危害を加うる可からず掠奪すべからず等のポスターを貼り付け稍々誠意ある如く見えしを以って多少の不可論ありしも総領事の希望を容れ一時大正ホールに陸戦隊を引揚げたり、然るに軍隊の掠奪行われ成績不良に付き直ちに陸戦隊を配備す。

◇抑留水兵の取り戻し

水兵六名は事件を知らず又飲食店にありしものにて散々殴打されたる上総工会に監禁さる、唐生智四日朝之を聞きて直ちに軍隊を派して之を引取る、総工会之に対し日本側に有利なる条件を容れしむる人質なれば此の儘返さば承知せずと言えり、唐は之を日本側に送らんとせしも糾察隊衛戍司令部を監視して渡さず、軍隊と糾察隊衝突せば途中負傷者生ずべく完全に送還方総領事と協議、七日夜漸く取戻しをなすを得た。

南京事件共同通牒並五国政府の声明（四月十一日外務省公表）

一、共同通牒全文

南京事件に関し四月十一日在漢口日英米仏伊五国総領事は本国政府の訓令に基づき国民政府外交部長陳友仁氏に左の共同通牒を提出し同時に在上海五国総領事は右通牒を国民軍総司令蒋介石将軍に通告した。

去る三月二十四日南京に於いて、国民軍が各国国民に加えたる暴虐行為に依り生じたる事態の迅速解決を期せむがため下名らは茲《ここ》に日、米、仏、伊国政府の訓令の下に其の各国の在支外交代表者より貴下に対し左記の要求を提出すべきことを命ぜられたり。尚本要求は同時に国民軍総司令蒋介石将軍にも通告せらるべし。

一、虐殺傷害侮辱並び損害に付き責に任ずべき軍隊の指揮官及び之に関与せる者に対し厳重なる処罰を加うること

二、国民軍総司令より文書を以って謝罪をなし該文書中に外国人の生命財産に対する一切の暴行煽動を行わざる旨の明約を含ましむること

三、人的傷害及び物的損害に対し完全なる賠償を為すこと

国民政府において速やかに右要求に応ずる意図を明らかにし関係国政府をして満足せしむるにあらずむば関係国政府は其の適当と認むる措置を執るの止むを得ざるに至るべし。

二、五国政府の声明

南京事件に関し日英米仏伊五国政府は国民政府当局に交付せる通牒に関し左の声明書を発表せり。

国民軍南京入城に当り三月二十四日朝より午後に亙り国民軍中の制服を着けたる部隊により外国領事及び居留民の身体及び財産に対し組織的暴虐行われ日、米、英、仏、伊諸国民にして虐殺または傷害せられたるものあり其の他多数の者は暴行を蒙り其の生命に危虞を及ぼし掠奪並極端なる侮辱を受け又婦女子は名状す可からざる暴虐を蒙り日、米、英の領事館は侵害せられ其の国旗の威厳は傷つけられ南京在住の総ての外国人の家屋及び営造物は組織的に掠奪せられ又は焼失せるもの少なからず。

日、米、英、仏、伊各国政府は斯の如く其の代表者及び平和に適法の職業に従事せる国民に対して明らかに豫謀せられたる暴行に鑑み責任ある国民政府当局に対し之が満足なる匡正に付き要求を為すの必要を認めたり而して列国間に協定せる要求条件は穏当を旨としたるものにして此の際自国の威厳と国際団体内の友邦に対する義務とを認識する何国の政府と雖も其の体面上匡正を為し得べき最小限度のものに過ぎず。

これ等の要求は固より関係諸国政府が友邦と信ずるに吝《やぶさか》ならず且つ其の親善協調の関係を継続改善せむことを熱望する支那国民の主権又は威厳を傷つくるの主旨にあらずして寧ろ現在の友好関係を破壊し且つ友邦列国民に対する支那国民の不信憎悪及び兇暴を煽動せむとする行動に依て南京事件を惹起せしむるに至る支那内外の勢力に対して之を行うものなり。

中支被難者連合会記事

成立事情

本年四月下旬、漢口第一回避難民団長寶妻壽作氏並びに長沙居留民会長山本勇吉氏前後して来京、日華実業協会方面とも懇談の結果、揚子江流域各地被難者の連絡並びに救済運動を講ずるため東京に事務所を置くこととし、当時漢口より引揚げ在京中の一色、高橋両氏に事務を託することとし、事務所は上海日々新聞社長宮地貫道氏の好意により麹町区元園町一丁目所在上海日々支社内の一室を借り受け、五月一日、長江避難者前後事務所の看板を掲げ、一色、高橋両氏は日々同所に出勤することに決定せる由。然るに諸種の事情にてすこぶる当初の期待と相反するものあり。依って五月二十日頃長沙の小川、榎本、九江の杉木、蕪湖の塩塚、南京本持、漢口の高橋諸氏会合相談の結果、あまねく在京避難者を糾合し、長江一帯避難者前後事務所の実を挙ぐることに申し合わせ、それぞれ通知状を発し五月二十五日午後四時大会を開催することとせり。以下日次順に記事概要を掲ぐべし。（編者付記）

連合会日記

五月二十五日　水曜日

会場　麹町区元園町長江避難者前後事務所

出席者

長沙　佐々木武蔵　日名子政三　榎本吉次郎　小川四郎

漢口　森長次郎

九江　杉木有次

蕪湖　塩塚留次郎

南京　本持寛敬

以上諸氏協議の結果、長江避難者前後事務所創設以来、将に一ヶ月に垂《なんな》んたるも何ら成績の見るべきなきは遺憾至極なるを以って、この際既往の如何は不問に置き、至急に相互の結束を堅め、外務省並びに朝野に陳情して避難者当面の救済並びに今後の復興進展を図るべしとの事に意見の一致を見たり。然るに従来この事務所の専任者として会計その他に就き幹旋せられたる一色、高橋両氏の出席を見ざるは遺憾少なからず。依って小川、杉木両氏より同氏らの出席を促すこととし、明二十六日の再会を申し合わせ散会。

同月二十六日　木曜日

出席者　前日出席者の外（南京）須藤理助、（漢口）市丸照雄。

小川、杉木両氏の一色氏ら訪問結果報告によれば、一色氏らには多少感情的誤解もあるようなれば適当方法にて諒解を図ることとし、かつ両氏関係の会計事務は一切干与せざることに申し合わせ、取敢えず至急連合会を成立せしめ救済運動を進行すること、並びに規則書を草案し、一面日華実業協会の助成を請うことに決定、左の委員を挙げたり。

日華実業協会訪問委員　佐々木、小川、森。

同月二十七日　金曜日

前記三委員は午後日華実業協会に油谷書記長を訪問し委細陳情す。その席に（重慶）宮阪氏も来合わせ相談の結果、同夕刻佐々木、森両氏にて一色氏らを新宿に訪問し長沙その他の人々と一色氏ら間の疎通に就き懇談するところあり。その際同氏らより事務所移転希望の申し出ありたり。

同月二十八日　土曜日

佐々木、小川、宮阪、森、午前に日華実業協会油谷書記長を訪問し、午後前後事務所に会合。事務所を東則正氏事務所に移転のことに就き、佐々木氏より東氏に懇請の結果同氏の快諾を得たるを以って至急移転の事に決定し散会。

同月三十日　月曜日

日本橋区金吹町三番地東則正氏事務所に会合。

参会者　宮阪、佐々木、小川、塩塚、須藤、本持、杉木、高橋、森。

連合会成立促進並びに運動費調達の件などに就き協議し、左の両氏に日華実業協会方面の陳情を委託す。
　佐々木、森。

同月三十一日　火曜日

佐々木、森、日華実業協会を訪問、次いで日清汽船会社森社長を訪問。

六月一日　水曜日

　参会者　宮阪、佐々木、小川、榎本、須藤、杉木、市丸、塩塚、森。

会則並びに救済案作成、日清汽船会社訪問委員に左の五氏を挙ぐ。
　宮阪、須藤、佐々木、杉木、森。

同月二日　木曜日

前記委員、日清汽船会社を訪問、森社長に陳情する所ありたり。
森社長より事務所用椅子、卓子などの貸与を受けたり。

同月三日　金曜日

　出席者　宮阪、小川、森、佐々木、須藤、杉木。

一同にて古河公司荻野氏、東亜興業白岩氏、正金銀行児玉氏を訪問し、陳情せり。
森氏に趣意書並びに陳情書起草を依頼す。

同月四日　土曜日

　出席者　須藤、杉木、宮阪、小川、森、佐々木。

（宜昌）江角（漢口）一色両氏より遭難事情書提出。

宮阪、森、佐々木三氏、東京朝日新聞社を訪問す。

同月十五日　水曜日

須藤、宮阪、桜井、佐々木四氏、東京商業会議所渡辺書記長を訪問し後援を依頼せり。

宮阪、佐々木二氏、帝国ホテルに大阪商業会議所高柳書記長を、丸の内ホテルに長崎商業会議所鈴木書記長、名古屋商業会議所三浦書記長を訪問せり。

同月十六日　木曜日

宮阪、須藤、佐々木三氏、東京商業会議所訪問、藤田商議会頭並びに高柳大阪、鈴木長崎、各書記長に面会、陳情書（附第五、六号参照）呈出せり。

同月十七日　金曜日

在京避難者大会を開催す。

出席者

蘇州　岡田栄太郎

南京　本持寛敬

九江　杉木有次、原田定子、佐久間栄子

漢口　成沢直亮、桜井悌吉、森長次郎、外間政恒、花井鉄蔵、岩崎賢太郎、齋藤光太郎、一色忠慈郎、高橋光雄

長沙　佐々木武蔵、榎本吉次郎、小川四郎、今泉貫一、中村富蔵

宜昌　江角国太郎、石垣一之

重慶　宮阪九郎、中野確

左の議題に付き協議し決定案を作成せり。

一、避難期間中生活費補給案

二、復帰費補給案

三、損害賠償金立替支給案　（附第七号参照）

同月十八日　土曜日

須藤、宮阪、佐々木、桜井四氏外務省に出頭し前日作成案を呈出す。

日清汽船会社、日華実業協会、東京商業会議所を歴訪せり。

同月二十日　月曜日

宮阪氏丸の内ホテルに長崎商業会議所鈴木書記長を訪問せり。

午後一時在京避難者大会開催

出席者

重慶　宮阪九郎、中野確

宜昌　江角国太郎、石垣一之

長沙　今泉貫一、中村富蔵、小川四郎、佐々木武蔵、松永直行

漢口　岩瀬治三郎、高橋元雄、大西初雄、一色忠慈郎、森長次郎、桜井悌吉、三輪謙二郎、齋藤光太郎

南京　須藤理助、本持寛敬

蘇州　岡田栄太郎、橋本高三郎、湖島二郎

今後における揚子江流域経済発展に関し東方会議に対する希望案に就き協議し、具体案を決定せり。(附第八号参照)

同月二十一日　火曜日

須藤、小川、佐々木、宮阪、杉木、桜井、江角、今泉、森、(蘇州)橋本の十氏外務省を訪問、三浦課長代理吉竹書記生に面会、前日作成の長江進展に関する希望案呈出、その他二三件を陳情せり。

午後佐々木、小川二氏日華実業協会、日清汽船会社を訪問せり。

須藤、宮阪、森、橋本(蘇州)四氏東京商業会議所を訪問せり。

同月二十二日　水曜日

宮阪、桜井二氏日華実業協会を訪問。

矢田上海総領事、高尾漢口総領事、植原外務参与官宛に趣意書、救済案、希望案などを添え懇願状を発送す。

蘇州橋本民会長退京に付き、大阪長崎上海各地避難者会との連絡の件を委託す。

同月二十三日　木曜日

宮阪、桜井二氏東京商業会議所渡辺書記長を訪問。

宮阪氏日華実業協会に油谷書記長を訪問。

海軍々令部に津田大佐、酒井少佐を訪問、帝国ホテルに高尾漢口総領事を訪問。

同月二十四日　金曜日

宮阪、須藤二氏帝国ホテルに高尾総領事と面談せり。

宮阪氏正金銀行児玉頭取秘書を訪問。

森氏東亜興業の外間氏並びに宜昌より来訪の森董氏に遭難事情を聴取す。

宮阪氏蘇州避難者代表を訪問。

同月二十五日　土曜日

宮阪氏日清汽船、日華実業協会訪問。

森、桜井両氏東亜興業白岩社長を訪問、同社外間氏より遭難事情聴取。

同月二十七日　月曜日

宮阪、須藤、桜井三氏日清汽船森社長、東京商議書記長、日華実業協会など歴訪。

小川、森二氏外務省訪問。

在長崎避難事務所に通信費その他として金五拾円也送金す。

同月二十八日　火曜日

小川、桜井二氏東京商業会議所訪問。

宮阪、本持二氏東亜興業、古河鉱業の二社を訪問。

宮阪、本持、小川、桜井四氏外務省三浦課長を訪問。

同月二十九日　水曜日

須藤、佐々木、森、桜井四氏、日清汽船会社にて漢口より来京の後藤富賀美、近藤宗治両氏と会見せり。

同月三十日　木曜日

寶妻氏より上京の旨来電あり。

七月一日　金曜日

大阪より漢口湯浅九三二氏来京、大阪避難者事務所の近状を聴取。

長沙避難者事務所へ糟谷長沙領事より左の電信到着の由にて提示を受けたり。

在漢口糟谷領事ヨリ来電「日清汽船長沙航路七月三日復活ス本官当地出発任地ニ復帰予定、在留民ハ随意任地ニ復帰差支ヘナク其筋ヨリハ別ニ復帰命令ヲ発セザル趣ナリ、右在留民ニ伝達方可然御計ヒアリタシ」山本一昨夜漢口へ立ツタ貴所ヨリ各人へ洩ナク通達頼ム。

同月二日　土曜日

宮阪氏大蔵大臣官舎に至り秘書官に面会し事情を具陳せり。

同月四日　月曜日

漢口陳情委員後藤、近藤両氏並びに岩瀬漢口三井支店長来所。

宮阪、桜井二氏外務省三浦課長を訪問、外務大臣宛報告書呈出。（附第九号参照）

同東京商業会議所訪問。

同月五日　火曜日

宮阪氏大蔵省訪問、海軍々令部にて長江流域の事情聴取。

同月六日　水曜日

長崎商業会議所鈴木書記長宛に寄付金分配の件に関し出状。（附第十号参照）

同月七日　木曜日

漢口陳情委員東上の件に就き長崎避難者事務所より来電あり。

同月八日　金曜日

宮阪、湯浅、桜井、森四氏外務省森政務次官に面会、次いで三浦課長に面会、東方会議の結果並びに救済案進行状況に関し、比較的詳密なる説明を聴取するを得たり。

同月九日　特記すべき事柄なし

同月十一日　月曜日

大蔵大臣、商工大臣宛の陳情書作成（附第十一号参照）

同月十二日　火曜日

大阪刷子組合事業部主任平野氏来社。

宮阪、湯浅、桜井三氏大蔵省、商工省に出頭し陳情書（附第十一号）提出。商工省にては四條次官に面会陳情するところありたり。

森、宮阪二氏日清汽船会社訪問。

漢口陳情委員寶妻壽作、阿部善三郎両氏来社。漢口救済案の内容などに就いて説明あり。

同月十三日　水曜日

記事なし。

同月十四日　木曜日

阿部、寶妻両氏来社、宮阪、須藤、森、桜井、今泉氏らと協議す。

同月十五日　金曜日

外務省三浦二課長宛に被難者現状調査書申告数統計書を申達す。（附第十二号参照）

同月十六日　土曜日

記事なし。

同月十七日　日曜日

宮阪宅において森、宮阪二氏、遭難記印刷の件に就き相談す。

同月十八日　月曜日

長崎商業会議所に出状（附第十三号参照）

宮阪、森両氏、岡田氏を訪問、印刷の件相談す。

同月十九日　火曜日

記事なし。

同月二十日　水曜日

宮阪氏大蔵大臣秘書官を訪問。

湯浅、須藤、桜井三氏大蔵省訪問。

同月二十一日　木曜日

宮阪、湯浅、桜井三氏大蔵省富田理財局長に面談せり。

阿部、寶妻両氏来杜、上流各地復帰の件に就き高尾総領事との会見始末を報告あり。阿部、寶妻、宮阪三氏さらに高尾総領事訪問のことに決定。

同月二十二日　金曜日

宮阪、寶妻、阿部三氏外務省にて高尾総領事と会談。

宮阪氏外務省通商局村井課長を訪問。

同月二十三日　土曜日

宮阪、佐藤二氏大蔵大臣官舎並びに外務省三浦課長を訪問。

森氏外務省情報局訪問。

同月二十六日　火曜日

江角氏外務省に出頭し三浦課長に現状調査書を提出す。

同月二十七日　水曜日

宮阪氏外務省に出頭、漢口復帰者に対し前渡し金一万五千円交付のこと、長沙復帰者に対し若干旅費支給のことなど聴取せり。長沙避難者より当連合会には何ら通牒なし。

須藤、宮阪両氏、東京商議定塚書記長を訪問し義捐金の件に就き陳情。

森、宮阪両氏、東京朝日、東京時事、東京日々各新聞社を訪問。

同月二十九日　金曜日

商業会議所連合会並びに各地商業会議所宛に義捐金の件に就き出状せり(附第十五六号参照)

(以下別項)

連合会諸文書

（附第一号）

中支被難者連合会趣意書

支那産業の一大動脈たる長江流域は、我が経済上の関係甚大なるものあるは他言を要しないところである。しかも不幸にして該地方は大正四年以来、常に排日の中心となり、該地方在留同胞は其の度毎に幾多の損害と屈辱に苦しめるに拘らず、謂う所の我が国策なるものを遵奉し、互いに相戒め、忍ぶべからざるを忍び、隠忍自重、ようやく今日に至った。然るに端なくも勃発した今次南支の動乱は遂に我が同胞の生命を脅かし、財産を破壊し、我が同胞をして辛くも保持し来った地盤をさえ放棄するのやむなきに立ち至らしめたのであった。涙を呑んで第二の故山を後にした上流三千の同胞の中には、南京、漢口の如き暴虐の惨害に直面せるものはもとより、幸いに避難し得たる者も、ただ僅かに身を以って免れたるに止まり、一銭の蓄え一領の着替えさえもなく、甚だしきは故旧縁戚の寄る辺さえない者もあり、その惨状はまったく東都往年の大震災の惨苦を想わしむるものがある。いうまでもなく商業上の足場を作り上げることは、内地においても容易ではない。いわんや人情風俗言語を異にせる異域においてである。かの資本さえあれば何事でもなし得るとなす者の如きは全然努力と時間とを無視せる者である。殊に揚子江流域における我が在留同胞は、欧米列国の強大なる経済的勢力と戦いつつ同胞独自の力を奮って邁進した。その今日までに開拓し得た地盤の背後には幾多の犠牲があり幾多の涙がある。それが無惨にも一朝にして崩壊された。これはただに被難同胞の損害、痛苦たるに止まらず、実に我が国家の損害たり痛苦たるべきである。もしそのままに放置せんか被難同胞は再び立つ能わざるに至るのみならず、今後における我が邦人の対支企業心を萎靡せしめ、遂には揚子江畔、邦人の隻影をさえ止めざるに立ち至るべきを虞るるものである。

由来我が朝野においては、何ゆえか北支に重きを置いてきた。しかもかのしばしば長江一帯の在留同胞を脅かした排日の如き、多くはこの北支偏重に起因している。こうして南方は北支政策の犠牲に供せらるると同時に、とかく軽視せらるる傾きがあった。いずくんぞ知らん我が国産業進展の南方に存せるはもとより、我が国の人口問題、食糧問題解決の關鍵《かんけん》の如きまた実にここに秘められている。これは対支貿易額の中支六、北支三の割合なるを徴するも明らかなる所である。今次の被難同胞を慰藉し、激励し、再び経済戦の第一線に送るは、将に邦家喫緊の要事であり、朝野共同の責務であらねばならぬ。

吾人が本会を発起して各地の被難同胞を連絡し、その善後策措置を政府に要望するとともに、広く朝野有志に訴えんとする所以のもの、また実にここに存するのである。

もし夫れ吾人被難同胞としては、かの地の秩序回復を待って夫々原地に復帰し、地盤の回復と商権の確立に努むることは、すなわち邦家に尽す所以なるとともに、これが闘士として最も適所にあるべきを確信し、この際徒らに目前の生活に捉われ、この大任を放擲するの誤りを避け、専ら復帰の促進と捲土進展を期するの一意あるのみ。切に江湖諸君の援助を希う。

昭和二年六月

中支被難者連合会
発起人一同

（附第二号）

中支被難者連合会会則

第一条　本会ハ中支被難者連合会ト称シ本部ヲ東京ニ支部ヲ大阪、長崎、上海、漢口、東京ノ各地ニ設置ス

第二条　本会ハ揚子江流域一帯在留日本人ニシテ最近支那時局ノタメ遭難、避難セルモノヲ以テ組織ス

第三条　本会ハ被難者ノ救済並ニ復帰ニ関シ相互ノ連絡ヲ図リ協力シテ善後ノ処置ヲ講スルヲ以テ目的トス

第四条　本会ニ左ノ役員ヲ置ク

委員　若干名　委員ノ互選ニヨリ委員長ヲ定ム

事務員　若干名

第五条　役員ハ各地代表者並ニ在京被難者中ヨリ之ヲ互選ス事務員ハ有給トスルコトヲ得

第六条　本会相談役トシテ朝野有志中ヨリ若干名ヲ推薦依頼ス

第七条　必要ニ応シ委員長ノ名ニ於テ在京被難者並ニ各地代表者ノ総会ヲ開催スルコトアルヘ

シ
第八条　本会ノ会計監理ハ適当ナル機関ニ依頼ス
第九条　本会会則ハ役員会ノ決議ニ依リ之ヲ改ムルヲ得
第十条　本会ハ左記各項ノ一ニ該当スル時ハ解散ス
一、委員会ノ決議
一、長江一帯ノ情況平静ニ帰シ当該官憲ヨリ復帰ノ通知ヲ受ケ本会ノ目的ヲ達成シタル時

（附第三号）

目前急需ノ被難者生活費補給案（昭和二年六月一日作成）

所要補給額ノ算出

第一回引揚者　一三二〇名
第二回　同　四五〇名
第三回　同　二八〇名
第四回　同　一〇二名
南京遭難引揚者　一一〇名
個々　引揚者　約三〇〇名
合計　二千四百九十名
内半数ヲ会社員並ニ其家族ト見做シ

差引補給ヲ要スヘキモノ　一二四五名
一家族平均三名トシテ　四一五戸
即チ救済ヲ要スル戸数　四一五戸
救済資金調達方法
第一案　外務省ニ陳情シ其補給ヲ仰クコト
第二案　朝野有志ノ同情ニ訴ヘ其寄付ヲ仰クコト
追テ実際支給ハ委員ニ於テ各自ノ状態ヲ調査シ相談役ニ諮リ詮衡ノ上適当ニ按分支給スルモノトス

以上

（附第四号）

外務大臣宛陳情書

今回中支動乱ニヨリ蒙リタル各地在留邦人ノ被害甚大ナルハ私共ノ改メテ申述ブル迄モナキ儀ニ有之、殊ニ引揚後既ニ早キハ二ヶ月遅キモ一ヶ月ヲ経過致シ、各地ニ散在セル被難民ノ窮状ハ日ニ益々甚ダシキヲ加ヘ、日常米塩ノ資ニモ窮スル者アリ。我々互ヒニ座視スルニ忍ビズ、茲許添付致シ候趣意書並ニ規則書ニ基キ下名ノ会ヲ設立仕候。就テハ各地在留邦人ノ原地復帰及ビ復興方法ニ関シテハ追テ案ヲ具シテ御詮議ニ預ル所存ニ御座候ヘ共、差当リ私共被難民一同復帰迄ノ生活窮状ニ就キ特ニ御考慮ヲ煩シ度、右奉懇願候也

昭和二年六月八日

東京日本橋区金吹町三番地
中支被難者連合会
在京委員

漢口　寶妻　壽作
一色忠慈郎
高橋　元雄
南京　須藤　理助
九江　杉木　有次
長沙　佐々木武蔵
蕪湖　塩塚留次郎
宜昌　江角国太郎
重慶　宮阪　九郎

外務大臣男爵　田中義一殿

（附第五号）

商業会議所宛陳情書

今回中部支那動乱ニヨリ蒙リタル各地在留邦人ノ被害甚大ナルハ私共ノ改メテ申述ブル迄モ

ナキ儀ニ有之、殊ニ引揚後早キハ二ヶ月遅キモ一ヶ月ヲ経過致シ各地ニ散在セル被難民ノ窮状ハ日ニ益々甚シキヲ加ヘ、日常米塩ノ資ニモ窮スル者アリ、我々互ヒニ座視スルニ忍ビズ、茲許添付ノ趣意書並規則書ニ基キ下名ノ会ヲ設立仕候。就テハ各地在留邦人ノ原地復帰及復興方法ニ関シテハ追テ具体案提出ノコトトシ、差当リ被難民一同復帰迄ノ救済方六月八日付外務大臣ヘ陳情致置候ヘ共、貴会ニ於テモ特ニ御考慮ヲ相煩シ御援助被成下度右奉懇願候也

昭和二年六月十六日

中支被難者連合会

在京委員一同

全国商業会議所連合会

会長　藤田謙一殿

（附第六号）

全国商業会議所連合会ニ提出セル目前急需救済所要額概算案

救済ヲ要スル戸数ヲ四百十五戸ト見做シ

一戸一ヶ月一百円ト概算シ

一ヶ月間ノ救済所要金額　四万一千五百円也

備考

右金額ハ本年五月ヨリ支給スルモノトシ其原住地ヘ復帰可能ノ時期ヲ大約六ヵ月後トセバ総

金額二十四万九千円ヲ要ス。

(附第七号)

中支被難者救済案（昭和二年六月十七日作成）

（一）避難期間中生活費補給

一、救済ヲ受クベキ者ノ範囲

(イ) 原居留地ニ於テ一家ヲ有シ其収入ニヨリ生活セル者ニシテ一家ヲ挙ゲ避難セル者

(ロ) 原居留地ニ在リテ其職業ヨリ得タル収入ヲ以テ内地ニ在ル家族ニ生活費ヲ支給セル者

(ハ) 避難者ニシテ親戚故旧ニ寄食中ノ者

(ニ) 原居留地ニ在リテ失業シ他人ニ寄食中ノ者

(ホ) 避難セル会社員商店員ニシテ会社又ハ商店ヨリ生活費ノ支給ヲ受ケザル者

二、生活費補給ノ基準

(イ) 人口数ニヨリ左ノ比例ニヨリ分配スルコト

世帯主		五〇
家族	大人	三五
	小児	一五

大人ハ十二歳以上。小児ハ十二歳未満ノ者トス

(ロ) 世帯ヲ有セザル商店員其他ノ雇人ハ家族ニ準ズ

（ハ）掠奪ヲ受ケ又ハ已ムナク財物ヲ遺棄セルモノニ対シテハ別ニ考慮スベキコト

（二）復帰費用補給

一、旅費

（イ）日本上海間　三等船車賃

支那内地　支那人上等船車賃

（ロ）途中乗換ニ要スル費用

行先キニヨリ異ルモ凡ソ乗換場所一ヶ所平均二日ヲ要スルモノトシテ毎日大人十元、小児四元宛支給ノコト

二、原居留地復帰後就業迄ノ準備資金

（イ）該準備期間中ノ生活費

此準備期間ヲ一ヶ月ト見積リ其生活費トシテ避難期間中ノ生活費補給基準ニ照シ支給ノコト

但シ対支関係上特別ノ事情アルモノハ此限ニアラズ

（ロ）衣食住並ニ業務上直接必要ナル物件又ハ設備ニシテ掠奪盗難其他ニヨリ毀滅セラレタルモノノ補給

（例バ洗濯業ニアリテハ洗濯用具、理髪店ニアリテハ椅子其他、飲食店ニアリテハ皿小鉢等、普通店舗ニアリテハ事務用具等ノ如キ物）

右ハ各居留地領事館立会ノ上ニテ査定シ一ヶ月以内ニ支給ヲ受クルコト

（三）損害賠償金立替支給

一、支那側ヨリ受ベキ損害賠償金ニ対シ左ノ割合ニヨリ復帰決定ト共ニ外務省ヨリ立替支給ヲ受クルコト

（イ）当事者要求ノ直接損害要償額全部

（ロ）当事者要求ノ間接損害要償額ノ三割

二、損害ノ種別ヲ左ノ如ク定ム

（イ）直接損害

一、死傷ニヨル損害

二、財産掠奪破壊ニヨル損害

三、引揚ニヨリ生ゼル損害

四、遺留財産ニ対スル損害

（ロ）間接損害

五、貸付金回収不能ニヨル損害

六、営業又ハ就職ノ停止ニヨル損害

七、復帰ニ対スル損害

（附第八号）

破壊後ノ長江筋ニ於ケル経済的進展策ニ関スル希望案（昭和二年六月二十日作成）

一、長江筋ニ於ケル邦人発展ノ機関トシテ銀資本ノ普通銀行ヲ設立スルコト

二、被難者救済ノ主旨ヲ以テ無担保貸付ヲ為シ得ル特殊金融機関ヲ設立スルコト

三、銀行業者又ハ汽船業者ヲシテ倉庫業ヲ経営セシメ倉荷証券ヲ発行シ金融ニ資スルコト

四、各居留地ニ在リテ適当ナル担保物ヲ有スルモノハ直接低利資金ノ融通ヲ受クルコト

五、官営ノ動乱保険ヲ設立スルコト

六、動乱ノ際ニ於ケル電信並ニ郵便ノ杜絶ニ関シ考慮ヲ請フコト

七、日清汽船又ハ其他ノ者ヲシテ快速船ヲ新設シ並ニ上流船隻ヲ増加シ各季ヲ通ジ交通ノ敏速ヲ期スルコト

八、重ナル居留地ノ在留邦人ヲ一処ニ集中セシムル為メ、ビルヂングヲ建築シ店舗又ハ住宅ニ貸与スルコト

九、対支交渉上必要ナル条項

(イ) 現金集中条例ノ撤廃

(ロ) 総工会ノ干渉ヲ受ケザルコト

十、領事官ノ頻繁ナル更迭ヲ避ケ永勤セシムルコトトシ且ツ之ヲ優遇スルコト

十一、領事館員ハ量ヨリ質ヲ貴ブ主旨ヲ以テ現在員数ヲ減ズルコト

十二、支那及他国人トノ交渉事件ニ関シ場合ニヨリ居留民側ヲ参加セシムルコト

十三、前年開催ノ南洋経済会議ニ倣ヒ長江筋ノ実業家並ニ関係官民ヲ以テ中支経済会議ヲ至急開催セラレタキコト

（附第九号）

外務大臣宛報告書状

外務大臣男爵田中義一殿

中支被難者連合会

在京委員　宮阪九郎

昭和二年七月四日

被難者家族数一部報告の件

拝啓六月八日付書状を以て陳情申上候中支被難者御救済御願之儀に関し特別の御詮議に預り居り候旨拝承仕り一同感謝罷在候就ては当連合会に於て今日迄に取纏め候被難者戸数左記の通りに有之候此外遠隔の地に在る者及住所不明のものも御座候得共夫々手配致置候に付遠からず更に御報告可申上候

一、在長崎避難民事務所より御省に直接届出たる分　六十四戸

二、当連合会を経由し御省に届出たる分　四十戸

三、当会に申告あり未だ御省に届出ざる分　百三十四戸

合計　二百十八戸

右の内御省の臨時御救済を仰ぎたる戸数は十八戸に過ぎず其他の大多数のものは続々当会に向て歎願方申請来り事実困却罷在候次第乍此上至急救済方御進行被成下度候先は情況御報告旁々御願迄如斯に御座候　頓首

東京　中支被難者連合会

（附第十号）

長崎商業会議所宛書状

長崎商業会議所

書記長鈴木包教殿

昭和二年七月六日

拝啓益々御清祥奉賀候。陳者一昨日東京商業会議所ニ至リ定塚書記長代理ニ面会致候処豫テ御配慮ヲ煩シ居候中支被難者救済ニ関シテハ貴会議所ノ率先御主張被下一同只管感謝罷在候。然ル処六大会議所ニ於テ御内議ト相成居候義捐金モ貴所ヲ経テ救済手続被成下候様承ハリ候。就テハ当連合会ヘモ今日迄救済方申出来リ居候モノ百三十七戸ニ達シ居候次第御分配ノ際ハ全体ニ洩レナキ様御配慮ヲ煩シ度豫メ御願申上度候早々敬具

（附第十一号）

大蔵、商工大臣宛陳情書

今回中支動乱ニ因リ蒙リタル各地在留邦人ノ被害甚大ナルハ私共ノ改メテ申述ブルマデモナキ儀ニ有之殊ニ今後ニ於ケル原居留地ヘノ復帰、損害ノ整理、商権ノ恢復等頗ル容易ナラザルノミナラズ内地各地ニ散在セル避難民ニ於テハ引揚ノ際一物ヲモ携ヘズ帰国シ其後早キハ四ヶ月遅キモ三ヶ月ヲ経過致シ窮状日ニ益々甚シキヲ加ヘ日常米塩ノ資ニモ窮スル有様ニテ我々共

互ヒニ座視スルニ忍ビズ先般下名ノ会ヲ設立仕リ茲許添付ノ趣意書、救済案及希望案ヲ具シ外務省ニ願出置候処自然御省ノ御詮議ニ預ルコトヽ被存候就テハ何卒特別ノ御考慮ヲ煩シ度此段懇願奉候頓首

昭和二年七月二十日

中支被難者連合会

大蔵大臣　三土忠造殿

商工大臣　中橋徳五郎殿

（附第十二号）

外務省宛調査書送状

昭和二年七月十五日

日本橋区金吹町三番地

中支被難者連合会

外務省亜細亜局

三浦第二課長殿

被難者現状調査送達ノ件

中部支那各地被難民現状調査書今日迄本会ニ向テ申告シ来リ候分左記ノ通リ御転送申上候間可然御取計被下度此段得貴意候也

前住地	世帯主	家族十二歳以上	同十二歳以下	合計
重慶	二〇	二五	一九	六四
宜昌	一五	三〇	一三	五八
長沙	一四	二一	一六	五一
九江	六	一一	七	二四
蘇州	三六	二七	二七	九〇
南京	一一	三七	一八	六六
漢口	四一	四二	三八	一二一
合計	一四三	一九三	一三八	四七四

備考　此内漢口避難民ニシテ在大阪関西事務所ヨリ転達申来リ候分世帯主三十六名家族十二歳以上三十三名十二歳以下三十三名合計百二名ヲ含ム　以上

東京　中支被難者連合会

(附第十三号)

長崎商業会議所宛書状

長崎商業会議所

書記長　鈴木包教殿

昭和二年七月十八日

拝啓益々御清福奉賀候豫テ御配慮ヲ煩ハシ居候中支被難者救済ノ件ニ関シテハ当連合会ニ申告シ来リ居候分別紙写ノ如ク外務省第二課長宛現状調査書転送致置候。貴所義捐金分配等ノ場合ニモ洩レナク御分配願度右御願申上置候。尚ホ引続キ各地ヨリ集マリ居候間不日第二回ノ申告ヲ致シ得ベクト存候。先ハ不取敢御報告旁御願迄早々不一

〰〰〰〰〰〰〰〰〰〰〰〰

(附第十四号)

長崎商業会議所来状

商発第一四八号

昭和二年七月二十日

長崎商業会議所

書記長　鈴木包教

中支被難者連合会御中

中支被難者現況調査ニ関スル件

拝復陳者標記ニ関スル調査書御送付相成入手致候不取敢御通知迄如斯御座候　敬具

〰〰〰〰〰〰〰〰〰〰〰〰

(附第十五号)

昭和二年七月二十八日

東京市日本橋区金吹町三番地

中支被難者連合会

商業会議所

連合会会長　藤田謙一殿

謹啓益々御勇健奉賀候陳者豫テ六月十六日付陳情ニ及ヒ置候中支被難者救済ニ関シ愈具体的ニ御手配ニ預リ一同只管感謝罷在候然ル処各地商業会議所ノ御募捐ハ該会議所所在地ノ被難者ニ御頒與相成ルヤニ聞及候処若シ之ガ事実トスレバ自然分配上ノ厚薄ヲ招致スル懸念アルノミナラズ当連合会トシテモ御詮議ヲ煩ハシ候当初ノ素志ニ鑑ミ遺憾尠カラズ就テハ此点充分ニ御考慮被成下度茲許当連合会ヨリ外務省ニ転達致候被難者現状報告書数御報申上候條御分配ニ際シテハ是非御参照被成下度御願申上候早々　敬具

前住地	世帯主	家族十二歳以上	同十二歳以下	合計
重慶	二一	二七	二二	七〇
宜昌	一七	三四	一五	六六
長沙	一四	二一	一六	五一
九江	六	一一	七	二四
蘇州	三六	二七	二七	九〇
南京	一一	三七	一八	六六

漢口　四四　四四　四一　一二九
合計　一四九　二〇一　一四六　四九六

追テ被難者総数ハ当初申上置通リ約四百余家族ニ有之此内直接外務省ニ申出候者百家族余、余ハ目下夫々現状調査中ニ御座候條報告書到来次第御報可申上候

東京市日本橋区金吹町三番地
中支被難者連合会

（附第十六号）

各地商業会議所御中

謹啓益々御勇健奉賀候陳者豫テ御煩慮ヲ煩ハシ居リ候中支被難者救済ノ儀ニツキ別紙ノ通リ連合会長宛陳情致置候條弊会ノ意志御酌量被下募捐分配上ニ就テ何卒可然御考慮ヲ煩ハシ度茲許連合会長宛写相添ヘ御願申上候　敬具

（附第十七号）

各地被難者宛報告書

拝啓　益々御清適奉賀上候、陳者豫テ外務省ニ請願中ノ我々共被難者救済方愈々決定本月末迄ニハ公表相成ル由ニテ本日在京委員一同外務省ニ出頭仕リ候処大略左ノ諸点相確メ申候

（一）生活費並ニ復帰旅費補給ノ事
（イ）被難者中実際ニ困窮者ニハ生活費並ニ復帰旅費ヲ補給ス。
（ロ）原居留地ニ残留セルモノニハ生活費ヲ補給ス。
（ハ）生活費補給ヲ要セザル者ニハ旅費ニ該当スル額ヲ支給ス。
（ニ）生活費補給割合ハ世帯主ヲ基準トシ其家族ニハ相当率ヲ按ジ加給ス。
（ホ）前数項ノ補給ヲ要スル者ト否トハ領事ノ報告、当連合会ヲ経テ提出ノ被難者現状調査書（上海、漢口ハ民団ノ調査書）ヲ基礎トシ外務省ニ於テ之ヲ査定ス。
（ヘ）補給金ハ上海、漢口ハ居留民団ニ其他ノ地方ハ委任状ヲ有スル代表者ニ外務省ヨリ直接交付ス。
（民団組織アル上海、漢口ヲ除ク各地代表者設定ニ関シテハ外務省ハ中支被難者連合会ノ意向ヲ徴セラルル筈）
（ト）原居留地残留者ニハ領事館並ニ民団又ハ民会ヲ経テ支給ス。
（二）直接又ハ間接損害ニ対シテハ外務省ハ領事館ノ詮衡ヲ経テ其ノ幾分ヲ貸与シテ各自ノ復業ニ資スル事。
但シ右ハ各自原居留地復帰後ニ於テ領事館ニ其手続ヲナス事。
（三）以上ノ補給金並ニ貸付金ノ確定額ハ八月末迄ニ発表セラルル筈
右ノ次第ニテ目下被補助資格者詮衡ニ関シ各地領事ニ照会中ノ由不日決定支給相成筈ニ付不取敢別紙委任状御送付被下度候　敬具

追テ今後ノ情報ハ更ニ御追報可申上候

昭和二年八月九日

東京市日本橋区金吹町三番地

中支被難者連合会

連合会日記（続）

八月一日　月曜日

森、江角、杉木、佐藤四氏外務省三浦課長を訪問、救済案に就き稍々具体的の説明を聴取せり。

同月四日　木曜日

森、佐藤両氏印刷の件にて岡田氏並びに時事新報社小川氏を訪問せり。

同月五日　金曜日

佐藤氏外務省に出頭、救済資金支出案勅裁済みの旨を承知せり。

同月六日　土曜日

森、佐藤氏印刷所に行く。

佐藤氏東京日々新聞社楢崎氏を訪問、動乱写真を借り受く。

同月七日　日曜日

旅費支給の件在京漢口被難者に森より通知状を出す。

同月九日　火曜日

森、須藤、江角、宮阪、杉木、岡田の六氏外務省三浦課長を訪問、救済並びに復業案内容に就き同課長の説明を聴取し且つ意見を開陳する所ありたり。

漢口復帰者旅費請求手続きをなす。宮阪、森両氏印刷所に行く。

同月十一日　水曜日

外務省補給案内容報告（附第十七号参照）並びに委任状用紙を左記宛発送せり。

重慶、宜昌、九江、南昌、南京各地被難者。漢口民団、上海民団、杭州、蕪湖、蘇州、鎮江、長沙各地日本人会。大阪、長崎、上海各地被難者事務所。

本書の編纂を終えて

森　長次郎

〇

最近十数年間の間に支那人が支那在留の外国人に加えた暴行迫害は、大別して左の三種とすることができる。

一、排外思想に基づくもの

二、勢力争奪の軋轢に原因するもの

三、土匪または暴民の行為

例を挙ぐれば、もちろん一概には言えないが度々繰り返さるる排日運動は差当り（一）に属し、かつて欧米人をして戦慄せしめた臨城土匪の列車襲撃事件の如きは表面の事実から言えば（三）に属するものであるが、その根本を突き詰めれば（二）に分類さるべきものである。（三）は説明するまでもなく土匪乃至市井無頼の徒の暴行である。

しかしながらかように分類はするものの、政治家、軍人、暴民、土匪などの区別のすこぶるハッキリしない支那である。軍人が政治を兼併し軍隊が容易に土匪化するはもちろん、時あってか政客が土匪以上の真似をしたり暴民が党人の仮面で跋扈して差し支えのない支那である以上、これを科学的に分類することは絶対に許されない。殊に（一）と（二）の間には究極すれば必ず不可分の脈絡がある。殊に日本人に関したものは特殊のものがある。すなわち以上三種のいずれの場合にも、例えば市井無頼の徒の婦人子供に対する悪戯にさえも極めて根強い排日観念が根底している。これを説明していれば長くなるから略するが、要するに十数年来執拗に繰り返された年々の排日に刺激され注入された排日観念――むしろ日本人を悪むという観念は我々日本人の予想するよりも案外に根強く食い込んでいる。近来に於いてはすべての群衆運動ごとに排日を言わなければ気勢が揚らないほどになっていた。

然るに今回の国民革命軍はほとんど排日を言わない。言わないのみならず、しばしば露骨に親日説を振りまいた。日本人の専売であったはずの「日支親善」「共存共栄」は逆に広東派の店頭を飾ることになった。ここに於いてか人一倍に自惚れ強い日本人である。たちまちにして、訳もなく、独りぎめに好運児になりすました。彼らが盛んに排外を標榜し反帝国主義を高唱し、不平等条約撤廃、租界回収を力説せるに拘わらず、日本に対してだけは利害関係上からも深甚の好意を持つものとせられた。十分の諒解あるものの如く伝えられた。試みに昨秋八九月以降の日本内地の新聞を翻読せよ。電報、社説、議会記事、通信などなど、今日よりして見ればまったく別の世界があったとしか思えないほどである。しかもそれは南京事件直前まで――かの身の毛もよだつような惨劇突発の刹那まで持続された。さきの幣原外相のいわゆる「日本独自の立場から日支互恵の理想への邁進」を続けてきた。而してそれは南方政府によって「満腔の感謝」を以って迎えられていると信ぜられ且つ広告せられた。しかもいずくんぞ知らん、国民革命軍の戦袍の下には出陣当初から排日の利刃は蔵されていたのだ。

広東北伐軍出帥後まもなく総司令蒋中正（介石）の名に於いて発表された「警告全国民衆」という小冊子がある。国民革命の主旨政策を闡明したものであるが、その中に左の如き文句がある。

国民政府（広東派を指す）は英帝国主義を南に扼し、国民軍（馮玉祥派を指す）は日本帝国主義を北に扼す。省港の罷工は香港をして殆んど荒島たらしめ、郭松齢の倒戈は日本をして関外に失魄せしめたり云々。

次にこれも当時の国民革命軍の伝単の一つであるが、呉佩孚を以って英国の番頭、張作霖を以って日本の番頭なりとし、日英帝国主義に痛罵を加えたのがあった。更に国民党首領汪兆銘の起草に係る「国民会議国際問題草案」（十四年四月発行）には、列国の支那侵略の趨勢と変遷を詳叙し、英国と併せて痛烈に日本を攻撃し、最後に国民党対外交渉上の原則十一項を掲げてあるがその中に左の如き要項がある。

一、一切已失の領土を回収す
二、従前中国の藩属たる朝鮮安南の如きは皆其已失の国家並に独立平等を恢復す。其中国と聯邦たると否とは（独立後に於て）其自由に聴す
三、一切の租界を回収す
四、一切の租借地を回収す
（五、六項略す）

七、一切の勢力範囲規定を撤銷す

これでどうして排日でないと言えよう。どうして排日が起こらないと言えよう。日本が首を俛《た》れ尾を巻いて依々聴従すればいざ知らず、いやしくも特殊の立場、既得の権利を振り回す限り、排英は軈《やが》て排日たるべきはむしろ直感さるべきものであろう。

仮想せよ。英米仏白諸国が国民革命軍の圧迫から、または持ち前の気まぐれの対支政策から、租界を捨て、勢力範囲を捨て、一切の不平等条約を撤廃してロシアと同様の対場に返ったであろう場合を。この場合日本も等しく租界を捨て、勢力範囲を捨て、不平等条約を棄てざるを得なくなるであろう。而して最後に見出されるのは「満洲」と「台湾」の風呂敷包みを後生大事に抱えた孤独な日本の姿だ。こうして満洲、台湾、朝鮮乃至琉球は支那の排日団のために、永久に排日標語供給者の役目を勤めるであろう。

○

国民革命軍の武漢占拠前後から単に排英のみが高調され、日本に対してはむしろしばしば秋波を寄せられた底意のほどは、かつて北京ロシア大使館で押収された秘密文書を待つまでもなく、少しく支那の消息に通ずる者の必然疑問としなければならぬところであった。

武漢国民政府の要人が日本からの訪問客を捉えて先ず質問したのは日英両国の協調如何であった。而して必ず型にはまったように力説したのは、日本が英国と協調することは折角立ち直りかけた支那人の対日感情を破壊するもので、日本にとっては百害あって一利なしということであった。これは当時武漢を訪れた者の誰もが記憶せらるる所と思う。しかも驚くべきはこれら訪客の中には、彼らの所説を迎えて盛んに英国を罵倒した者もあった。さもしい商売人根性で露骨に排英風潮を喜んだ者もあった。

昨年十一月、漢口で在支紡績連合会の船津氏を迎えた我輩は、「排英はロシア人の排英であり、排日は支那人の排日である」ことを説いたことがある。一体英国は支那に対しては国際的には実に横暴を極めていた。しかしながら支那の産業貿易には相当貢献するところがあった。日本が長江沿岸において長足の発展をしたなどと言うが、英国のそれに比すればまだまだ比較にならぬ。従って一般の支那人、殊に産業貿易関係の支那人は国民政府の人たちが厄鬼となって騒ぐほど英国人を排斥しない。排斥しないではないがむしろ排斥を欲しない傾向がある。この外、支那の国権問題として騒がれている税関管理にしろ租界回収にしろ、心ある支那人はむしろ外国人の手にあったことを喜んでいたはずだ。なんとなればもしこれらの権限が支那の政客軍人らに掌握されていたとすれば、一般国民は之まで鉄道収入や内地税収入が彼らに掌握された以上の弊害に苦しめられたであろうからである。この意味において我輩は排英は支那人の排英にあらずしてロシア人もしくはロシア化した支那人の排英であるとした。同時に当時の局面においては排日と排英は別個の存在をなせること、並びに排日も排英と同時にまたはその直後に爆発すべき必然性あることを説いた。

その後五ヶ月、本年四月に入って安国軍当局の敢行した北京ロシア大使館秘密文書の押収は、驚くべき露支関係の秘密を暴露した。ロシアモスコー政府より駐支大使館附武官に宛てられた秘密訓令第五項と第七項を左に摘録する。

（五）国民群衆をして外国人排斥を激励せしむる一切の方法を設定せよ。この種目的を達到するために国民群衆をして直接行動を行わしめ、外国の干渉を招かしめ外人を掠奪し多数を惨殺するも可なり。欧州軍隊と支那民衆とを衝突せしめ、列国干渉の機会を激発せしめよ。

（七）この種排斥運動の実行は各国間の不協調を保存することを非常に重要とす。日本は能く最短期間に多数軍隊を支那に派遣することを得るが故に日本を各国より隔離することは特別重要とす。この種目的を達到するためには一切の運動の中心に厳重なる監視を加え、日本国民をして被害なからしむることを要す。日本を除外することは不愉快の感を抱かしむるが故に、排外運動風潮の激励は特に反英運動の名義に仮託することを要す。本件要旨を各部及び指導員に分送すべし。（以下焼失）

排日の起こるべくして起こらなかった事情はこれで明らかになったはずだ。国民政府の秋波の底意も読めたはずだ。日英非協調論も有効に裏書されたわけである。しかも尚且つ南方の好意を説くものあらば、吾人また何をか言わんや。

○

却《さ》て説く。

今回の南京、漢口事件を先に挙げた区別によって分類すれば、南京事件は（二）すなわち勢力争奪の軋轢の犠牲に供されたものと見て差し支えあるまいと思う。当時漸次に露骨になった武漢派と南京派すなわち共産党派と国民党派の反目から、蒋介石をして対外的危地に陥れるために脚色された武漢派の筋書きの一齣であった。これは既に彼らの仲間でも認めている。もっとも一方では反共産派の共産派陥擠《かんせい》策だと言うておるし、判然と区別してかかることはすべての支那時局問題と同じく危険であるかも知れぬが、しかしそれはともかく、当日の暴兵暴民の頭が排日で一杯になっていたことは事実である。「日本人を殺せ」「日本人は仇敵だ」「日本人は泥棒だ」と言う悪罵は当時の遭難者の耳に恐ろしい記憶としてこびりついている。漢口事件もまたその如くだ。当日の惨劇の作者はもちろん武漢政府であり、狙うところは日本租界回収にあった。さてこそその手段方法は英租界奪取の際と符節を合するものの如くであった。然しながらこれを暴行の跡に徴せよ。英租界のそれに比し如何に惨虐を極めたか、如何に執拗を極めたか。

彼らの憎悪であり嫌忌であることに於いては、排日も排英もその程度の差こそあれ同一であるが、排日には更にこの外に軽侮という厄介なものが加わっている。漢口在留邦人が支那人のために如何に軽視され、如何に侮辱されていたかは本編漢口事件中の事変前記を見れば、けだし想い半ばに過ぐるものがあろう。しかもこれだけではまだまだ尽くせない。近数年来支那人の在留邦人に対する暴慢、侮辱、迫害の事件を列記すれば優に一書をなすものがある。

古いことを数えるのは女々しいようだが、以前の日本人は相当に畏敬されたものだ。張之洞、盛宣懐時代の湖南湖北は政治教育軍事産業各方面に亙りて日本の人材が聘用せられ、武昌の学堂は日本人の学堂であるかの如き観があった。日本租界竣工紀念として時の領事は「萬世不朽」の文字を日本租界の岸壁に刻した。当時誰か今日あるを予想するものがあろう。十年曾遊の人たちが今昔の感懐を言うのも無理はない。しかしながらこの変化は一朝一夕のものではない。

いわんや今日の共産派のみがもたらしたものでもない。吾人はかつて旧著「排日譚」において言うたことがある。「排日思想に勃発の機を与えたのは日本の強硬政策であった。これを助長したのは軟弱外交であった。これで見れば排日を育て上げるためには、日本の政策はあつらえ向きに硬軟宜しきを得たわけである」と。吾人は今日においてもこの言葉の変改の必要を認めない。否むしろ排日進展の由来も、当面並びに将来の対策もこれによって考慮さるべきを信ずる。

○

最後に最近の時局に鑑みてお互い避難者復帰の日を卜してみよう。

国民革命軍の北伐がロシアの支持によって決行され、且つ今日まで進展してきたことは改めて説くまでもないが、さてこのロシアが支那において強行しようとした政策に就いては、日本においても見解が区々になっているようであるから多少の私見を加えることにする。

吾人をして端的に言わしむればロシアの欲したところは破壊の一語に尽くる。支那旧来の伝統、政治、軍事、教育、産業組織、社会制度、並びに宗教などすべての伝統を破壊する。これがロシア当面の計画の全部であったと思う。日本では、漸進的に改造の歩を進めて行くことがすなわち実際政治の要諦であるとする見解が厳存する如く、支那の革命政治家も必ずそうするだろう、否そうしなければ支那の上下に受け入れられないのだと考えている者がある。而してそれは支那は赤化するや否やと言う議論の出てくる所以でもある。甚だしく赤化を恐れ憚《はばか》っている日本人は、この種の見解、すなわち支那の共産化は到底不可能だと言ったような結論に自らの安慰を求めている。換言すれば自己欺瞞によって僅かに安心しているのだ。
かつて漢口の英米煙草工場職工が共産派の使嗾によって蒸し返し蒸し返し罷工を企てたことがあった。その際の吾人の見解では、背後にロシア人がある以上、労働運動達成の究極手段である職工の工場管理にまで突進するものと考えた。しかし当時日本人の多くはそんな不法があり得べきでないとして耳を貸さなかった。職工の工場占領など言うことは日本のような国情から言えば明らかに驚異である。しかも幾ばくもなく英米煙草はその宣告書を突きつけられた。而して日本人関係に於いては蘇州瑞豊絲廠もその厄に見舞われた。こうなれば既によそごとではない。火は眉端に迫ったのである。

見よ。

ロシア人もロシア人に陶冶されてロシア化した支那人も実行に勇敢だ、大胆だ。我々が支那は赤化するか、しないかの議論を闘わしている間に、数十万の労働者は彼らの指呼のままに動いている。さしも強大を誇っていた大英国人も彼らのために根底から揺るがされた。東洋の盟主であるはずの日本人も長江流域から影を没するを余儀なくされた。逆産没収と称し北方軍閥要人の家屋財産を没収し、或いは土豪劣紳と称し豪農巨商の財産を没収し、甚だしきはこれを殺戮するなどの暴虐は夙《と》くに実行された。労働賃金の過激なる引上げによる産業の停頓は言うまでもない。本年に入っては「現銀集中条例」なるものの実施によって金融界は全然攪乱された。この「現銀集中条例」と言うのは広東派の機関である中央銀行の紙幣を中心に、従来の中国、交通両銀行紙幣の通用を強制するとともに、現銀を全部政府の手許に収めようと言うの

である。この結果各市場の交易はほとんど杜絶した。

同じく湖北、湖南の田舎では共産派の組織した農民協会によって農産物の共同販売が試みられつつある。ために例えば菜種の如き市価十五串文内外のものが二十三四串文に引上げられ、製油業者は原料高に全部停業を余儀なくされる。こうして荷捌きの付かない農産品は農家の手許に剰《あま》されて農村金融を梗塞する。今やこれらの農村は諸都市と共に挙げて崩壊への途上にあるのだ。

更に最近に至っては、日本において穏健派として目されている南京政府までが、関税付加税の争議を通り越して関税自主を宣言し、同時に支那国内の工場製品に対し出廠税を課して紡績業者の肝を奪うなど、益々その鋒芒を露骨にしてきた。もしそれ共産派が全力を傾倒して企図せる全労働者農民の武装化に至っては、支那自体に取りてもはた我々在留外人にとりても今日までの軍閥乃至土匪以上の脅威である。誰か言う長江流域は平静に復したと。吾人の言を待つまでもなく危険はむしろ今後にあるのだ。

欧米人が並びに日本人がこのままいなくなれば産業、貿易、金融の停頓から支那は破産状態に陥るだろうと言う前提の下に、むしろ支那人自身が外国人の復帰を待望していると考えている者が、欧米人にも日本人にも大分あるようだ。近来ぼつぼつ現れてきた外国側の経済封鎖、経済絶交などという説の如きその片影と見受けらるるが、これらは恐らく彼ら共産派の耳には曳かれ者の小唄ほどにも響かないであろう。なんとなれば外国人放逐は彼らの破壊政策上の主要なる項目であり、且つ又真に破壊政策を実行するとすればそこまで徹底しなければ嘘だから

である。

支那を救うものは破壊政策か、武力統一か、はた復辟《ふくへき》か、それは我々の詮索する限りではない。支那戦局鎮定の任に当たるものは蒋介石か、張作霖か、馮玉祥か、はたボロヂンか、これまた吾人の与り知るところではない。吾人の望むところは唯一無二。日本政府の確固たる決意と、朝野の与論が真に支那問題に目覚めることである。而してこれは恐らく支那在留邦人の一致した希望であると信ずる。

付記　南京漢口事件当時吾輩は東都の旅寓に在った。而して事変前後からの電信不通のために漢口留守宅の安否さえも分らない矢先に、郷里の老母の訃が伝えられた。何という運命の悪戯だ。お互いに被難者のために進んで編纂を引受けた本書は、吾輩のためには「悲しみの塔」として永久に記念される。

東京市外下渋谷の仮寓にて　森　生

中支被難者連合会に就いて

楽屋自慢を並べるのではないが、五月末連合会創設以来二ヵ月半、東京での一等暑い盛りを、これは無料で貸して頂いた東則正氏には済まないが、西日の強い蒸すような東ビルブローカーの階上の一室に、日清汽船の森社長から貸与された大卓子を中に、何時も三五人が集まって、後には茶の葉も使い尽くして白湯を飲みながらの執務、たまたまの昼食は八銭の盛り蕎麦、毎日の電車自動車は自弁、これで約八十日をよくも押し通したものだ。

しかしながら何を言うても長江流域上下二千浬に亙る各地居留者の寄合世帯である。事情を異にし利害を別にする向きもあって、時には意見の相違もないではなかった。そのためには外部からの誤解を招き、または不利の立場に立たされたこともあった。しかし同志の大部分はよく忍び、よく堪えた。幾つもの類似の団体の中でも終始一貫、最後まで被難同胞のために奮闘したのは実に我が連合会であった。被難者救助並びに復興に関する我が連合会の数次の提案が、外務当局の立案に参酌せられたのは、我が連合会の公平無私が認められたのである。商業会議所、日華実業協会、各新聞通信社その他の同情ある声援を得たのは、我が連合会の熱誠が容れられたのである。

我々同志としては、当初から今一層の結束があったならばの憾みがないでもないが、しかしそれは、我々が将来この種の仕事の効果を完全にする上において、如何に結束の必要なるかを訓えられたものとしてむしろ貴重の体験とする。この意味からも我々は、長江流域在留邦人の鞏固なる結合組織を提唱したいと思うている。けだし日本の立場から見るも、支那時局の上から言うも、我々の一致してなすべきはむしろ今後に属するを確言し得るからである。（八月十五日）

雑　草

引揚船中天長佳節に艦長より恩賜の御酒と膳哉を頒たる

左傾右傾共に喜ぶ佳節哉

革命のとば（鳥羽艦）ちり受けず運よう（雲陽丸）に百四十人の帰りくれまつ（榑松領事）

反抗（漢口）の胸算（共産）はづれ武将（武昌）まで、意気も屁古たれ昨日今日哉

未練残して突破（鳥羽艦）して来たが、明日は漢口でホツ（保津艦）と一息　重慶避難団

——（完）——

【解題と解説】

いわゆる《南京事件》をめぐる三つの文献

田中　秀雄

いわゆる《南京事件》とは何かということを三冊の文献で読み解くということをやってみたいと思う。本書をその一冊目とする。

本書の原本『南京漢口事件真相　揚子江流域邦人遭難実記』

本書は、昭和二年八月に刊行された『南京漢口事件真相　揚子江流域邦人遭難実記』（中支被難者聯合会編・岡田日榮堂版、以下『南京漢口事件真相』と略記する）を、内容はそのままにして翻刻したものである。『南京漢口事件真相』を資料としたとおぼしき書籍として、『日本と中国はなぜ戦ったのか』（益井康一著、光人社、二〇〇二年）などを編者は知っているが、詳細な内容を御存知の方はさほどあるまいと思う。

旧仮名遣いのままで復刻版にしなかったのは、後述するように、この書物の今日的意義を改

めて確認したことにある。そのため、原書に使用されている旧漢字体と仮名遣いをほぼ今日のものに改めた。文法の問題もあり、編者としてはそのままの形を保持したい思いもあるのだが、多くの読者の方にとっては恐らく読みにくい部分も多かろうとの判断であり、ご了解を得たい。

そのほか具体的に言うと、送り仮名の変更、「持出す」↓「持ち出す」、「出れる」↓「出られる」などのように補った箇所がある。また「之又」↓「これまた」、「愈々」↓「いよいよ」と平仮名表記にも改めたものもあるし、「豫々」↓「かねがね」、「嗟乎」↓「ああ」というように現在あまり見られない用語も平仮名に直した。

また逆に、引用新聞記事にあるように、「きう察隊」↓「糾察隊」などと正しく漢字に直したりもしている。明らかな誤植は訂正している。なお、公文書に当たると思われるものは、元々の字体（カタカナとか）、仮名遣いをそのままに再現した。その場合は誤字と思われるものも訂正していない。こうしたすべての責任は編者にある。原書にあった伏字の部分も再現することを考えたが、元々の原稿が見つからない以上、それは断念せざるを得なかった。○や△一つで一文字と考えてもらって差し支えないと思う。

読んでいただければお分かりのように、『南京漢口事件真相』は昭和二年の三月から四月にかけて、中国の南京、漢口を中心とした揚子江流域各地で起きた、中国軍兵及び中国民間人による日本人襲撃事件の実相を証言や公文書を用いて臨場感鮮やかに再現したものである。普通これを「南京事件」と呼んでいる。事件が起きてから本が刊行されるまでの数ヶ月間に生じた関連のある出来事も遺漏なく逐次まとめられ整理されており、証言を集め、本が出来上がる過程、出版までのドキュメンタリー性も大きな特徴となっている。

編者が持つ原書は箱入りであり、ハードカバーのかなり堅牢な作りで、八十年ほど経っているとも思えないほどだ。岡田日榮堂は、被害者の一人でもある岡田榮太郎氏（本書では栄太郎）がこの本を出すために作った出版社のようである。恐らく出版費用も全国の商業会議所などから集まった義捐金から出されたのだと思われる。義捐金総額は分からないが、本の作りから想像するとかなりの金額が集まっていたのではないかと推測される。むろんそのほとんどは被害者救済に当てられた。

なぜこういうものを被害者の方たちがまとめようとしたのかも、推測によるほかはないが、被害の全体像を浮き彫りにし、その想像を絶する実情とそれから来る苦難の現状を日本国民に理解してもらい、それを日本人の後世への戒めとして、かつ全国から集まった義捐金の感謝の意味として公刊して残そうという思いがあったのだと思われる。

まずは、なぜこのようなむごたらしい事件がおきたのかを中国のその時代背景から見ていかなければならない。

『南京漢口事件真相　揚子江流域邦人遭難実記』刊行の時代背景

清国が滅び、中華民国が成立した一九一一年の辛亥革命は、実はしかし未曾有の動乱の幕開きにしか過ぎなかった。

「滅満興漢」の旗印の下、孫文を中心とした中華革命党の運動は何度もの蜂起を繰り返しては失敗し、首謀者たちは日本を含めた海外に逃げたりしていた。

辛亥革命も実質的には思いがけなくも成功したという程度であり、孫文の出身地に近い南部の広東を中心にした革命党が、そのまま北部の北京にまでその力を及ぼしたというのではなかった。孫文自身もその時点でヨーロッパにおり、あわてて帰国したのである。彼は革命費用を調達するために外国に行っていたのであり、軍資金も不足、自前の軍事力という点では旧清朝の袁世凱の方がはるかに抜きん出ており、結局最初の中華民国大総統の位に就いたのである。袁世凱の下でできた内閣は一応、南部の革命派と北部の袁世凱派の共同内閣となっていたが、それを無視した袁世凱の姿勢に不満を持って第二革命が起こったが、袁世凱の軍事力に革命側は簡単に粉砕された。

しかし袁世凱はその後、自分が皇帝になろうという野望を抱き、それは革命党を始め、多くの軍事的実力者たちの反感を買った。およそ八十日間の皇帝の座からずり落ち、落命した。第三革命である。しかしそのときから、中華民国の群雄割拠の動乱時代が始まる。

その一々を詳しく記述していれば、それだけで優に一冊の本になるほどであり、分かりやすく簡略化して説明したい。まずは孫文派の広東を中心にした南部派と北京の袁世凱系列の軍事、政治の実力者たちの間の争覇戦が基本としてある。お互いに相手を飲み込んで、中国の統一を図ろうという意図を持っている。しかし各々の北部、南部においても政治の実権を握ろうという派閥の戦いが何度も繰り返されて、一向に国がまとまらない。まさに三国志の時代の再現というような時代となるのである。

袁世凱の死後、北部では張勲、憑国璋、段祺瑞、曹錕、呉佩孚、憑玉祥、張作霖、孫傳芳、閻錫山などの軍閥が時を得ては台頭し、政治、軍事の中心に位置し、それから没落していった。互いのいがみあい、離合集散も甚だしかった。

南部でも常に孫文が政治の中心にいたわけではなかった。政争や戦争に負けては逃亡する（逃亡先は安全地帯の上海が主である。一九一九年十月には中華革命党を中国国民党に改称し、翌年一九二〇年には形ばかりの軍政府もそこで作る）というようなことを繰り返していた。そういう中で彼の後継者として蒋介石が台頭してくる。

もう一つ重要なことは、一九一七年のロシア革命後、中国においてもマルクス主義が知識人、学生を中心に大きな影響を与え始めたことである。これが政治的にも力を発揮するようになり、中国の内部は更に複雑化し、混沌に拍車をかけることになる。一九二一年には初めてのメーデーが上海で行われ、コミンテルン代表のマーリンが北京に来る、中国共産党が成立、カラハンの対中国宣言など、画期的な年となった。毛沢東が本格的な活動を開始するのもこの頃である。

一九二一年七月、一応広東に中華民国政府を孫文は作ったが、南部はまだ彼の下に統一はされていなかった。ちなみにこの時中国に南北二つの中華民国政府ができたことになる。南部を統一するために従軍し、桂林に滞在していた孫文の下に軍事的実力者としてのしてきた蒋介石がやってきて、「北伐」を進言するのもその意味がある。しかしそれと同時に既存の軍閥・陳烱明の反乱が起こり、一九二二年七月、孫文はまたも上海に逃げることになる。

この年の四月から五月にかけて、北部では第一次奉直戦争が起きている。呉佩孚（直隷派）と張作霖（奉天派）の間の戦争である。その前には段祺瑞（安徽派）と呉佩孚の間に安直戦争が起きている。こうした軍事力による覇権争いが際限なく続くという事態に、政府はあってなきに等しいという状態で無能内閣が次から次に現れては消えていった。

そうした無法状態の中で山東省の臨城県で起きたのが、本書でも言及されている「臨城事件」であった。一九二三年五月、白人乗客が多数乗る北京発の急行列車が匪賊に襲われ、虐殺、女性の凌辱という大被害を蒙った事件である。世界的に知られ、各国外交団は強い抗議を北京政府に申し出た。しかし当時の無能政府はなかなかそれも解決できなかったのである。これは後にアメリカで『上海特急』（マレーネ・ディートリッヒ主演）として映画化された（拙著『映画に見る東アジアの近代』芙蓉書房出版、二〇〇二年、参照）。

この年の一月、上海にいた孫文に会いにきたのがソビエト全権大使のヨッフェである。二人によって共同宣言が発表される。一九二一年十一月、北伐のために桂林にいた孫文の下にやってきたマーリンとは意気投合していた。孫文の連ソ容共政策の始まりである。ソ連の資金、軍事技術の導入によって、国民党を強くしようという意図があったのであろう。ヨッフェとの会見後、孫文は部下の軍閥を使って陳烱明を追い払い、広東に戻り、大元帥の地位を回復する。

その年の夏、蒋介石は孫文の命令でソ連を視察しにいくことになる（年末帰国）。翌年、孫文は広東にソ連の援助の下に黄埔軍官学校を設立することになる。校長は無論蒋介石である。

一九二三年の中国共産党第三回大会で国民党との合作が決められ、毛沢東はその中央委員に選ばれる。翌年一月の国民党全国代表大会で、正式に国共合作が決定される。早速陳独秀や李大釗らが共産党員のまま、国民党に入党している。この大会に毛沢東も出席した。この後彼は国民党宣伝部長代理となる。宣伝部長は汪兆銘である。

北部ではまた内戦が始まる。第二次奉直戦争といわれるものであるが、この奉天派には孫文の秘密工作が「北伐宣言」以来行われていて、前回とは違った形を呈することとなった。張作霖軍と対峙する呉佩孚軍の背後で、憑玉祥による首都北京でのクーデターが発生し、挟み撃ちにされた呉佩孚は船を使って天津、上海、揚子江の上流へと逃げ延びる。彼の天下はこれで終わった。一九二四年十一月のことである。

勝った奉天派から、孫文は北京に迎えられる。しかしまもなく重病状態となり、一九二五年三月十二日死去した。

しかし南部の広東政府もまだ一枚岩ではない。陳烱明ほかの反乱が続き、蒋介石がそれを討伐して政府の安定を取り戻すのが六月の終わりである。しかし彼が広東政府の中心に座っても、今度は国民党内の左派（共産派）と右派の対立が顕著となってくる。その代表的な事件が、一九二五年八月の胡漢民による廖仲愷（左派）暗殺事件であり、翌年三月の共産派による蒋介石打倒計画を未遂に防いだ「中山艦事件」であった。そうした不安を抱えながらも蒋介石は、念願の「北伐」計画に着手するのである。

北部では張作霖の勢いが頂点に達していた。部下を督弁にして一時は南京、上海一帯までを支配地域とした。部下の郭松齢の反乱（一九二五年十一月）も、それに呼応しかねなかった馮玉祥も押さえつけた。馮玉祥は下野し、翌年ほぼ一杯をモンゴル経由、ソ連の視察に外遊する。ソ連の影響を受けたまま、彼は帰国後、国民党に入党する。

蒋介石の北伐はこのような情況の中に開始される。七月初めのことである。海沿いの福建省方面軍を何応欽（日本の陸軍士官学校出身）、広東の真北の長沙、武漢三鎮（漢口、漢陽、武昌）に向かって唐生智、ほかの軍団が北上を始める。同時に首都も移動することになり、一九二七年二月に武漢政府が成立する。これは蒋介石が不満を持ったように、共産派中心の政府であり、商都上海も既に周恩来を指導者とする共産派の天下といってよいほどの隆盛を示していた。

「よい鉄は釘にはしない、よい人は兵隊にはならない」

このような政治情勢の中で起きた揚子江流域における日本人の遭難事件をドキュメントしたのが『南京漢口事件真相』である。大きな政治の流れをたどるだけでは理解し得ない、細かい事実の集積が本書の醍醐味である。そしてその双方を照らし合わせることで歴史の真実が見えてくるだろう。編者が復刊を思いたったのもそのためである。

たとえば、本書でも言及されている「臨城事件」と本書に書かれている「南京事件」がどの程度違うのか、ほとんど同じだと多くの読者は感じるだろう。こうした事件は遡れば、一九〇〇年の義和団事件に行き当たる。多くの外国人がむごたらしく虐殺され、その体験と防護の意味から、各国は中国の各地に軍隊を駐留させる条約を結んだ。自国民の保護のためである。一九二〇年代から盛んとなった中国の左派学生、労働者による運動は、この条約が不平等条約だとして撤廃を叫んだ。しかしその撤廃を求める方法にしても、義和団事件となんら変り映えせぬ排外暴力の手段しか取れないのであれば、文明国民としての資格はないと判断されるのが当然ではないだろうか？　相も変らぬ「好鉄不当釘好人不当兵」――ろくでもない人間しか兵隊にはならない現実はマルキシズム全盛の時代となっても変わりはなかったのである。

『南京漢口事件真相』では、この事件は中国人の日本人に対する侮蔑的態度から起きたのだと指摘している。死を覚悟した体験からの発言は傾聴するに値するだろう。

またこうした排日事件は大正四年頃から頻発するようになったとも執筆の中心になっている森長次郎氏は述べている。いわゆる対華二十一ヶ条要求に対する反発ということであろう。しかし実際に執行された条項はその三分の一しかなく、問題とされている第五項（日本の侵略性を強く示すものと言われた）にしても希望条項であり、その中の日本人顧問の採用、警察の指導、布教権などに関すれば、既に袁世凱には日本人顧問（有賀長雄博士）はおり、北京の警察は川島浪速によって近代化の洗礼を受けたという実態がある。また欧米キリスト教の布教は禁止されていたのか？　とも問いかけたい。交渉の方法に拙劣な部分があったにしても、それは交渉上のやりとりを誇大に吹聴してマスコミに流したり、約束に故意に違反して第三国にこっそり通知したりする中国政府のやり方にも大きな問題があるのである。またいわゆる「最後通牒」という形で圧力をかけたとも言われるが、袁世凱政府からの申し出なのであって、そうしてもらった方が国民に顔が立つとの意向がまずあったのであり、のらりくらりの遷延策をとられ、いたずらに長引くばかりの交渉にけりをつけるためにはこれしか方法はなかったのである。

ついでに言うならば、日露戦争によってロシアから譲渡された満蒙における諸権益を、この交渉によって安定的なものにしたいというのが加藤高明外相の一番の意向であった。租借権の延長、土地に関する諸権利、商権の確立などである。結果としてどうなったのか？　既述したような、戦乱が打ち続く支那本部（チャイナプロパー）と違い、満洲は満鉄線を守る関東軍の存在の大きさによって治安が保たれ、戦争とは無縁の平和な環境を維持することができたのである。日露戦争後の二十年間で、約二千万の中国人が戦火を逃れて満洲にやってきたのである。むろん仕事もあるからである。

本当に問題となるのは、こうした実情を正確に国民に伝えていなかった中国の内政にあろう。いや逆に内政に問題があるからこそ、外国に排外という方向への不満解消に当たらせたとも言えるかもしれない。

さらにいえば、そこに日本の侵略性を仮に認めるとして、どうしてこのような非道極まりない残酷な仕打ちを、そこに己の力のみを頼りに営々と生活の根を張ろうとしていた日本の普通の庶民たちが受けなければならないのか？　「浪花食堂」、「五島商店」……と言った本書に出てくるありきたりな名称に編者は庶民のささやかな幸福のありかといったものを感じて、限りない親近感を覚えるものである。

しかしこうした生活基盤の全壊という事態にも負けずに、被害を受けた場所に戻り、生活の再開を図ろうと再び渡洋しようという人たちもいる。けなげとしか言いようがない。本書はただ日本人の受難の記録ではない、心身両面にまで蒙った受難から歯を食いしばって立ち上がり、希望を持って生き抜こうとした日本民族の貴重な記録として意味があると編者は思っている。これもまた復刊を思った理由である。無論こうした被害の現場で対処する外交官のありようも問題となろう。本書に描写されている日本領事の行動に須藤理助氏は強い批判の言葉を発している。彼に公人としての価値を認められるのか、それも編者の問いかけたいところである。

なお、暴兵に銃剣で刺され重傷を負った「根本少佐」とは後年北支方面軍司令官として勇名をはせた根本博中将のことである。そして戦後、彼は蒋介石のたっての願いから、共産軍の台湾侵攻を防衛するために国交のない時代の台湾に密航し、旧日本軍将校によるいわゆる「白団（パイダン）」を組織し、金門島などの防衛に従事し多大の戦果を挙げた人である（『白団』中村祐悦著、芙蓉書房出版、一九九五年、参照）。台湾人数万人が虐殺された二・二八事件の原因を共産主義者と日本の遺毒によるものとうそぶき、そ知らぬ顔をした蒋介石と違い、実際に「以徳報怨」をもってしたのは根本中将のほうであったのだ。二・二八事件が起きた真の原因も中国兵の相も変らぬ非文明性にあった。

「南京事件」その後

この事件後の当面の中国の政治情勢を記述しておこう。

欧米を震撼させたこの南京事件は蒋介石を激怒させたと言われている。しかしあるいは彼のことだ。共産派を潰すいい機会だと認識したかもしれない。しかし彼の足元の上海も武漢も左派の天下である。そこで緻密に考えて実行したのが、四・一二クーデターである。上海の共産党指導者、労働運動指導者の逮捕、総工会（労働組合）の解散という強硬手段を取って、粛清を断行したのである。虐殺された共産党人五千名とも言われている。周恩来も危うく処刑寸前まで行った。

武漢政府は蒋介石の党籍を剥奪、しかし彼は四月十八日、南京に国民政府を樹立する。二つの国民政府が対立するという情況になったのである。しかし徐々に武漢政府内でも共産派に対する警戒心が強くなり、七月二十三日の汪兆銘の反共宣言、八月五日には共産党取締まり令が発せられる。本書に書かれているようにボロジンも武漢を離れることになる。第一次国共合作時代はここに終焉する。

しかし共産派がいなくなった武漢政府と南京政府はなかなか合作までには時間がかかった。蒋介石は自分の存在が問題であるのならと言って八月に下野し、日本に行く。みごとなパフォーマンスである。田中義一首相、頭山満などを訪ねた後十一月帰国する。汪兆銘らとの合作がなったのは翌年二月のことである。そしてまた北伐の再開となるが、この時また山東省の済南で日本人に対する虐殺事件が起こる。

実は前年の五月、この済南に対して日本は居留民保護のために出兵していた。国民革命軍の北伐により、揚子江流域で多大なる人的損害が居留民に生じた。済南にはさらに多くの日本人がいる。保護のために出兵するのは当然であろう。今回もまたそのために出兵したのである。四月のことである。しかし北伐軍と日本軍の間が険悪な情況になり、五月三日、衝突が起こる。その最中に避難を躊躇していた日本人十数人が虐殺の目にあったのである。

この北伐軍に従軍武官として付いてきた佐々木到一中佐はこの事件の中で暴民に取り巻かれ、重傷を負い、危うく殺されかねない目に遭った。気絶から回復し、屈辱の念に満たされた彼の目に映じたのは、言いようのない損壊を蒙った居留民の虐殺死体であった。彼が残していた手記から引用する（彼の死後、姻戚関係者である橋川文三、そして竹内好の力で『ある軍人の自伝』として、昭和三十八年に出版される）。

「居残った邦人に対して残虐の手を加え、その老壮男女十六人が惨死体となってあらわれたのである。予は病院において偶然その死体の験案を実見したのであるが、酸鼻の極だった。手足を縛し、手斧様のもので、頭部・面部に斬撃を加え、あるいは滅多切りとなし、婦女はすべて陰部に棒が挿入されてある。ある者は焼かれて半ば骸骨となっていた。焼残りの白足袋で日本婦人たることが分った始末である。わが軍の激昂はその極に達した。これではもはや容赦はならないのである」

被害者は麻薬密売関係者だろうと佐々木は推測しているが、どんな職業であろうと同じ民族である。《激昂》するのは当然であろう。

アイリス・チャンの『レイプ・オブ・南京』に出てくる写真で、日本軍の蛮行行為の証拠として女性の陰部に矢が刺さっているものが出てくるが、佐々木の目撃したごとく、これは中国に伝統的にある処刑の仕方によるものである。たちの悪い宣伝写真である。中国ではこれを「宮刑」と言う。女性に対してあれば、男性に対してもある。それは生殖器を切断することである。

本書で、白人男性の死体が陰毛を焼かれていたと出てくるが、これは当時の検閲をわきまえて婉曲に表現したものではないだろうか？　当然のこと、この程度で収まるはずがないのである。

この時期から日本と中国の関係は険悪化の度を増していく一方となるが、南京事件、済南事件をさらに上回る残虐事件が発生する。昭和十二年七月二十九日の「通州事件」である。この時は約二百六十名の老若男女が済南事件の被害者と同じ無残極まりないやり方で虐殺された。盧溝橋事件から三週間目のことである。

ラルフ・タウンゼントはこの事件は戦争の原因となる十分の理由を持っているとの認識を示している。つまりはアメリカ人なら宣戦布告をして当然ということだろう（『アメリカはアジアに介入するな！』芙蓉書房出版、二〇〇五年、参照）。しかし日本は「暴支膺懲」ということは言ったけれども、なお国民政府を交渉の相手とすることを選択し続けるほど善意だったのである。

ともかく本書を編纂した人々も自分たちが虐殺される可能性は大いにあったと言っている。その意味では、済南事件や通州事件で殺された人たちは、その前段階で本書に登場する人々とほぼ同じ体験をしていたのだと推測することは充分可能である。その意味でも貴重な証言集なのである。

『戦争とは？　日本軍暴行録』（ティンパーリー著）

二冊目は、編者の友人が偶々持っていた、ティンパーリーの書いた『戦争とは？　日本軍暴行録』という一九三八年版の日本語の本である。これは一九三七年暮れに日本軍が南京占領後に起こしたとされる南京虐殺事件を、世界最初に告発したとされる著名な書物（原題 **What war means**）である。私は本書と比較してみたいと思い、この貴重な文献を今回拝借して読んでみた。また北村稔氏の『「南京事件」の探求』（文藝春秋、二〇〇一年）で発掘されたように、このティンパーリーが国民党政府の国際宣伝処に雇われた人物であるということを知っていたからということもある。

日本の新書サイズを少し大きくした程度のペーパーバックで、全十章、付録が7まであり、縦書き二一七頁。日本語の活字に困ったようで句読点がおかしい。「、」「。」が「，」「ｏ」で代用されたりしてある。出版社名もなく、翻訳者名もない。タイトルがあり、「マンチエスターガーヂァン駐華記者テイムパレー編著」とあるだけだ。おそらく日本語活字にはさほど困らない上海か漢口で作られたと思われる。漢口と推測するのは、この本の序文を鹿地亘と青山和夫という二人の日本共産党員が書いており、それぞれ八月五日、七月二十四日の日付とともに「漢口にて」との署名があるからである。

彼らが翻訳したのかは判らない。きちんとした日本語になっているのだが、たとえば「虹口，楊樹浦一帯が解放されても人々は仕事を得ることが出来ない｡あゝこの種の掠奪は無辜の平民，婦女子の生活を絶つことにならう何て恐しい残酷な結果でせう」のような「である」調の文章に突然丁寧語が出てくる使い方がそこら中にある。鹿地亘はプロレタリア文学にも関わった人物であり、彼

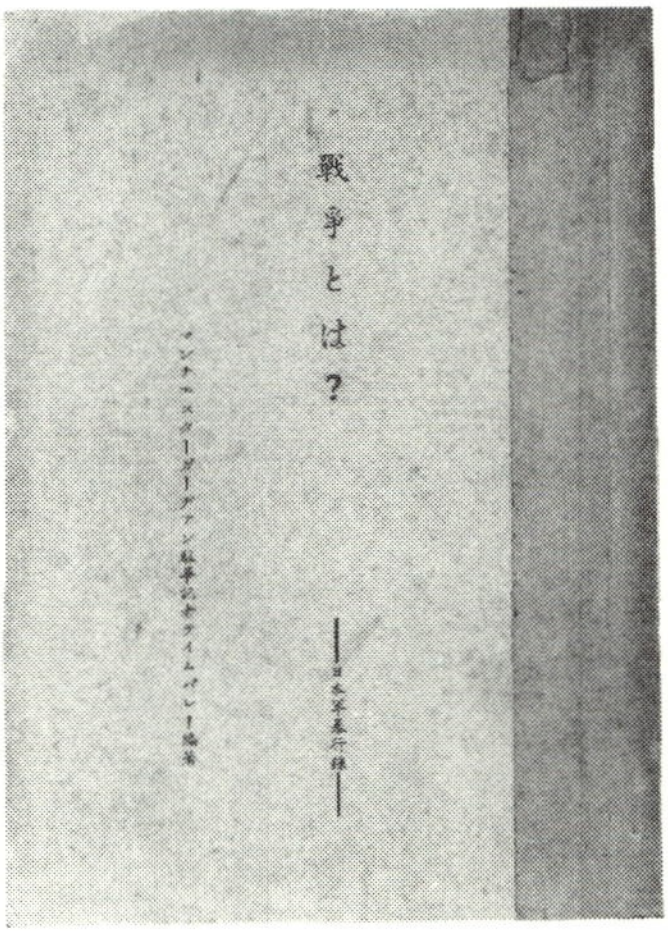

が翻訳に関係したのなら、粗雑としか言いようがない。

ついでに書いておけば、鹿地亘は戦前の共産主義運動の重要な活動家であり、この時期国内の弾圧を逃れて上海にやってきていた。支那事変勃発とともに国民政府とともに漢口、重慶へと移り、戦争中は重慶で捕虜となった日本兵の思想改造教育に従事していた。戦後帰国し、朝鮮戦争中にアメリカの諜報機関に拉致、監禁されるという、いわゆる鹿地事件の被害者となった。アメリカ諜報機関は彼をソ連や中国との謀略に利用しようとしたのである。これは社会党代議士によって国会でも問題にされ、一躍彼は戦後の著名な左翼運動者としてクローズアップされた。またこの事件から派生するソ連スパイ裁判闘争を通じても、左派による反権力闘争の広告塔的存在として活躍したのである。

いずれにせよ、こうした人物が刊行に関わった書物である以上、かなりのバイアスがかかっ

ているど理解せねばならないだろう。日本語である以上、読者の対象は日本人であり、日本兵であったろう。重慶の捕虜たちもこの本を読まされたに相違あるまい。

なお、『日中戦争史資料9　南京事件Ⅱ』（河出書房新社、一九七三年）にはこの本の英語版からの翻訳が載っている。また洞富雄氏は解題で、「戦時中すでにこの本の日本訳ができていたのである。これは『外国人の見た日本軍の暴行』といい、中国訳からの重訳本であるが、無署名の訳序以外には出版事項にかんする記載が全然ない書物である。おそらく当時、軍部で訳刊し、中枢部のものにかぎり少部数配布した、極秘の出版物であったと思われる」としている。編者が紹介している本とは違う。こちらには鹿地、青山という濃厚な政治性を持った人物がかかわっており、その翻訳の目的もはっきりしている。

奇妙な日本兵

私が今この本を読んで感ずることは、非常なリアリティを感ずるところと、まったくそれを感じないところがあることである。無論問題は大虐殺事件を起こしたとされる日本兵の描写である。

たとえば十二月十七日のこととして、「日本軍の掠奪，屠殺，姦淫は益益ひどくなる一方で昨日の昼と夜強姦された女は少くとも千人居る o 可哀さうに一人の女は三十七回も強姦された o 或る野獣的日本兵が強姦してゐる時傍の五ケ月の嬰児が泣き止まないので口を塞いで窒死させてしまつた」とある。

国際委員会のメンバーは全部で三十人もいない。誰がこんなカウントをしたのだろうか？　真相を調査したのだろうか？　不可能だろう。このような強姦記事はこの本には辟易するほど出てくるが、調査されたかはほとんど不明である。それもせずこういう記述をそのまま載せることはジャーナリストとして許されることだろうか？　『南京漢口事件真相』とはそこがまったく違っている。

またこんな記事もある。十二月十九日のことだそうだ。「日本兵が放火し至る処烈しく燃えてゐる｡まだ数カ所焼くさうである｡方々の米国国旗が破られた｡彼等は米国の学校の上に掲げた国旗まで地上に投げつけて足で踏んだ｡そして留守番の召使にもう一度掲げたら殺すぞと脅迫した」

これも本当かと思う。彼の仲間であるニューヨークタイムズの記者ダーディンは既に前日の十八日付ニューヨークタイムズ記事で、「市民も殺された南京のテロ」という見出しの記事を書いている。しかし中国でなく、アメリカの尊厳そのものが侵されたこうした事態を、ではその後彼は報じたのだろうか？　報じてなどいまい。まったくの嘘だからだ。パネー号誤爆事件と同じようにアメリカの対日敵愾心を煽るためのでっち上げ記事である。

北村稔氏が喝破したように、ティンパーリーが中国側に雇われたと判った今日では、こうした記事が何のために書かれたかも諒解できるのである。

しかし、こうしたリアリティのなさも見方を変えるとそうでなくなってくる。こんな記事がある。

「彼等は丁度金庫を開けようと苦心の最中だつた。一人の兵士は鶴はしで扉をあけようとし外の数人はそれでは面倒だと云はんばかりに金庫全体を粉砕しようと企てて居た。更に別の数人は校長室や教頭室の機械，椅子を運び出してゐた。私が通訳を捜して来た時は已に彼等が道具をかついで悠然と引上げた後であつた。もう一時間も遅れたら金庫も開けられたに違ひない」

本書を読まれた読者は、あれっと思われるだろう。グラビアの壊された金庫室の写真をごらん頂きたい。掠奪する日本兵のモデルとした原型は実は中国兵そのものなのだ。外国の主権の及ぶ区域（領事館、学校など）をお構いなしに蹂躙する兵隊もそうだ。こんな描写がある。

「日本兵は死者に対してさへ暴行を加える。日本陸軍の通過した後は至る所中国の墳墓が発かれ棺桶まで焼払はれて居る」

墓を暴く習慣も中国のそれだ。日本にはない。レジナルド・ジョンストンの『禁城の嘉光』（関東玄洋社、一九三四年）には、蒋介石の北伐完成時に北京の旧清朝の皇帝の墓が暴かれ、西太后の遺骸が引き裂かれ、財宝が掠奪されたとの記事がある。溥儀が満洲王朝の再建を思い立つのもこの時からである。ジョンストンはその溥儀の怒りと決意を明確に記述している。

これはどうだろう。

「街頭は至る処皆だらしのない日本軍で多くは銃を肩に載せ少しも人に喜ばれる様子がない」

「日本兵は石炭の使用法を知らないらしい，これが為め，中国人の財産は多く不必要な破壊を蒙った。日本兵は確かに木材以外の燃料を知らないのだ。例え石炭が山程積まれてあつても，日本兵は捨てて顧みない」

「実際滅茶苦茶で，如何なる木製物でも手に入りさえすれば，合法的引火物として持ち去る」笑止というか、噴飯ものとしか言いようがない。台湾人の蔡焜燦さんの『台湾人と日本精神』（小学館文庫、二〇〇一年）等を既に読んでいる私たちにはすぐにこれが日本兵でなく中国兵なのだと判る。

北村稔氏は前掲書の中で、ティンパーリーがこの本を書くために依拠した「『南京安全区檔案』中の相当数の報告はその「文書解題」にあきらかなとおり、欧米人告発者が目撃したものではなく、匿名の中国人協力者の書面報告を英文に翻訳したものである」と述べている。であれば、『南京漢口事件真相』に出てくる中国共産党の実働部隊である糾察隊様のものがこの匿名協力者だったらどうなることだろう。この時期、第二次国共合作の時代であった。敵方日本軍のイメージは徹底して劣悪化されざるを得ないだろう。こうして白人を使って日本軍を世界中の悪意の目に晒そうという謀略の産物として、南京大虐殺は世界に報じられたのである。そしてそのためには、伝統的中国の兵隊＝匪賊というマイナスイメージを日本兵に投射することが彼らには一番リアリティのあるやり方だったのだ。

鹿地亘の自虐的序文

鹿地の序文に書かれていることについても一言しておきたい。

第一次上海事変（昭和七年）の時だと言う。彼が東京で治安維持法違反で捕まって留置場に入った時、同房の「ごろつき」（鹿地自身の形容）が自慢して戦場での試し切りや強姦などを話してきかせたというのである。鹿地は「身の毛のよだつ思いをした」と言うが、なんとこのごろつきは前科者で、看守に叱られただけで小さくなる小心者のちんぴらである。戦争における武勇伝とはこのような行為を躊躇なくできることだとしか考えつかないごろつきの非知性ぶりをのみ根拠として、《皇軍兵士》の残忍性を一般化しようとする鹿地の偏向した知性も相当に問題があると言わねばならない。しかしこのごろつき兵隊が重慶で教育を受ければ、たちまちのうちに日本軍の蛮行を告発するよき日本人となるに違いない。

『揚州十日記』

揚子江の流れの南にそびえる秀麗な紫金山の西側に南京城はある。昭和十九年、中国を旅していた歌人、土屋文明は「紫金山空にくきやかに静まればただ安けらし迂回《うねりめぐ》る南京の城」と平和そのものの南京を詠んでいる。『南京漢口事件真相』にも書かれているように、古くからの中国の都である。その城内南部に、今も昔も一番の繁華街である秦淮河地区があり、そのほとりに孔子を祀る夫子廟がある。この夫子廟の一角に一九九二年に地元南京の大学教授によって書かれた石碑文がある。

南京の歴史と夫子廟の来歴、秦淮の賑わいなどが華麗な美文で叙述されている中に突如「屠城」なる言葉が登場する。この千年余の間に南京はおよそ三度の戦乱によって多大の損害を受けた、一度目は満洲族の南下（清朝の創建時）、二度目は太平天国の乱、三度目は「瀛寇」（海からの侵攻という意味だから日本軍の南京占領ということだろう）によって「屠城」という運命に遭ったが、その度毎に灰の中から立ち上がってきたというのである。

「屠城」とは何か？

歴史上の中国の都市はすべて城塞都市である。町が城壁によって囲まれている。城＝都市には人々の生命、財産が集積されている。戦乱が起きれば、この都市は最強の砦であるとともに、最大の攻撃目標である。攻略の終わりとともに敗兵は掠奪して去り、勝兵はここぞとばかりに掠奪、虐殺、放火、強姦を市民に対して為すを許される。勝利ゆえの賞与のようなものである。これが中国の伝統である。城壁に取り囲まれた城内は阿鼻叫喚の巷に変貌する。逃げ場はない。城内の市民の生命、財産は兵隊の自由な裁量に任される。「城を洗う」といわれるまで生きる者なく、掠奪するものがなくなるまでこの「屠城」は続けられる。

三冊目に取り上げるのは、中国のその「屠城文学」の代表作ともされている『揚州十日記』である。

南京から揚子江をおよそ百キロばかり下ったところに揚州の町はある。この揚州城が明の末期一六四五年に、清の兵隊に襲われて市民が虐殺、強姦、放火、掠奪されたという事件を、辛くも生き残った王秀楚という人物が記録したものである。十日間におよそ八十万人が虐殺されたという恐ろしい屠城記録である。八十万という根拠には怪しいものがあるという見解もあるのだが、そう言うためにはそれなりの後述するような理由があるのである。

王秀楚はこの十日間、妻と幼子を連れ、兵隊の矛先を免れるために便壷に隠れたり、汚物を体に塗りたくったり、ありとあらゆる手段を使って逃げ、そして隠れる。見つかれば兵隊に哀願し、金銭や服を渡す。絶望して自殺未遂までする。一部引用してみる（東洋文庫版）。

「外ではまたしても四方に火事が起こり、昨夜の倍もひどかった。こっそり戸外に出てみると、畑の中には死骸が積み重なっていて、中には息たえだえにまだ生き残っているのもあった。遥か向こうに何家墳のこんもりと茂った木立が見え、泣き叫ぶ声がこもって聞こえて来た。父が子を呼び、夫が妻を捜しているのだった。乳飲み子の呱々の声は草原からも、谷間からも聞こえてきた。その悲惨なことはまことに聞くに忍びなかった」

「私は藁の中から出て、命乞いをし、さらに金を差し出した。兵卒は藁の中を捜してまた数人を見つけ出した。その連中もみな品物を出して許してもらった」

「一人の兵卒が若い女を木陰へ担いでいって犯した。後の二人の女も辱めを受けた。年寄りの女は泣いて許しを乞うたが、三人の若い女たちは少しも恥じる様子がなかった。十数人のものが互いに代る代る姦した」

「一人の若い婦人を捕えた。その婦人は一幼女と一男子を連れていたが、男の児が母を呼んで食べ物をねだった。その男は怒って一撃すると、脳が砕けて男の児は死んだ」

こうした描写が延々と続く。鬼畜のような兵隊とそれに弄ばされる揚州の市民である。

本書を読んでいただいた方にはすぐに了解されるだろう。王秀楚が命がけで見聞した体験は、須藤氏はじめ生き残ったわが日本人が昭和二年に恐怖の中で逃げ惑い、体験したものと寸分違わないのである。まさに彼らは、「屠城」そのものを現実に体験する機会を得、それを今日の我々に追体験させてくれているのである。本書の貴重な記録たる所以である。

プロパガンダとしてのティンパーリー本

しかし読者は思われるかもしれない。この『揚州十日記』に書かれていることは、我々が聞かされている日本軍の暴行記録とも寸分違わないものなのではないだろうかと。

そうなのである。なぜそうなるのかといえば、前述したように中国の伝統としての「屠城」が城砦攻略の後に行われるのが当然である以上、南京攻略後の日本軍の軍服を脱ぎ捨てた兵隊の処断（合法）や捕虜暴動の鎮圧行為のすべては「屠城」行為とみなされてしまうのである（しかし、『南京漢口事件真相』で森長次郎氏が書いているように、正規兵と匪賊の区別がはっきりしないのが「支那の兵隊」なのである）。

「南京安全区檔案」に登載された中国人通報者の脳裏に浮かぶその光景は、自らの歴史的遺伝子の作用によって匪賊と大差のない日本暴行兵像となり、世界に宣伝するための格好の素材となってしまったのである。

しかし実を言えば、南京攻略以前からこうした宣伝は行われていたのである。おもしろいのは、毛沢東自身がその日本軍像について語ったのは南京攻略前の十月二十五日、イギリスのバートラム記者のインタビュー記事によってである。「日本帝国主義の都市攻略、国土占領、強姦、掠奪、放火、虐殺によって、中国人が亡国のぎりぎりのところまで追い詰められてきたことです」と毛は語っている（『毛沢東選集2』新日本出版社、一九六五年）。語るに落ちるとはまさにこのことである。南京虐殺は既定のことだったのだ。続いて行われる日本軍の南京占領はそのことだけで、「屠城」を宣伝するためには、毛にとっては願ったりかなったりの出来事だったのである。

「南京安全区檔案」にある日本軍暴行の記録はあらかた、こうした『揚州十日記』のような「屠城文学」のたちの悪い写しかえに過ぎない。ティンパーリーの著書はその世界宣伝のためのプロパガンダ本なのだ。

『揚州十日記』は十日間で八十万人もの人々が虐殺されたという。多くなくては満洲人に対する憎しみは募らないだろう。この書物が版行されて世に広がっていくのは清末の時代である。「滅満興漢」を唱える孫文を始めとした革命党のバイブルともなったのがこの『揚州十日記』なのである。清朝への敵愾心を高めるためにこの本は利用された。同じように、六週間で三十万人が南京で虐殺されたという《南京大虐殺》も、抗日戦争中の対日敵愾心を維持するためになぜひとも必要とされたのである。事実如何は問題ではない。

『南京漢口事件真相』の今日的意義

では逆に、『南京漢口事件真相』に書かれた日本人遭難者の記録が、『揚州十日記』の写しかえではないかとの疑問をもたれる方もあるかもしれない。それについては『南京漢口事件真相』の重層的な叙述の仕方、証言の明らかなもの以外は採らないという事実を重んじる編集姿勢から、おのずと答が出てくることだろう。

『南京漢口事件真相』の今日的意義を縷々述べてきたが、ほかに重要なことを三つ延べておこう。具体的に言えば漢口の暴民に向けて日本海軍の陸戦隊が威嚇射撃をした。それに対して根拠もなく、「不法な発砲によって十名死んだ」と衝突の原因を日本側に転嫁し、それを逆宣伝に使う姿勢である。自らの汚点はまったく省みない。こういう中国人のしたたかな交渉術は政治、商行為、個人レベルから国家レベルまで日中相互間に近代史上しょっちゅう登場する。読者に噛み締めてもらいたい点である。対華二十一ヶ条問題でも、同じこの構図が読みとれるのだ。

日中の近代史は加害者と被害者の関係としてよく解釈される。しかし日本人が常に一方的に加害者であったのか？

本書にある「連合会日記」によれば、中支被難者連合会の人々は、何度も外務省に被害者救済の陳情に出かけている。そして森政務次官とも懇談している。この「森政務次官」とは森恪《つとむ》のことである。田中義一内閣成立（昭和二年四月）と共に政務次官に就任し、「同年五月以降三回にわたる山東出兵を推進し、満蒙第一主義の観点から関東軍と提携して強硬な満蒙分離政策を唱えるなど、一貫して中国侵略政策を推進した」（吉川弘文館『国史大辞典』より）とされる人物である。森の対中国認識にこれら連合会の人々の陳情が影響を与えなかったはずがない。田中首相は外相兼任のため、森が実質的な外務大臣であった。

しかし編者が書いてきたように、山東出兵は二度と南京事件のようなことが起こらないため、居留民保護のためのものであった。その後の日本の中国における軍事活動も、すべてこうした理由によっている。居留民の安全な生活、正常な商行為が保障されるのであれば、なさずに済んだことなのだ。だから宣戦布告もしないし、「事変」という形での認識にとどめたのだ。どこが「侵略」なのであろうか？　本書の復刊が両国の関係史を考える上で多くの人に参考になれば幸いである。

また共産党の実際の実行組織である糾察隊がいかなる活動をしていたか——兵士を思わせる制服で六尺棒を携え、労働者の味方になると称しながら、自分たちの言うことを聞かなければ、罰金を取る、「工賊」と書いた札を身体に貼り付け、市内を引き回すというような行為が日本人によって詳しく観察されている。これはほとんどその三十年後の文化大革命の時代の先取りではないのか！　こうしたことが公然となされていたのが、国共合作の時代であったことを、我々はまざまざと理解するのである。その意味でも貴重な中国社会観察記録と言えるのではないだろうか？　三十年後の中国人民の蒙った大惨劇を予兆しているのである。

三つ目は森長次郎氏の後書きである。「支那の排日」をめぐる氏の議論は含蓄が深い。何度でも読み返してもらいたいほどだ。この人は、大正半ばに大陸に渡り、三井物産時代の森恪が中心となって出来た日中合弁企業である「中日実業」（大正二年創立）に入り、この事件が起こるかなり以前から漢口に住み、日中問題を研究する「中支経済調査所」を主宰していた人である。

なお『南京漢口事件真相』の背景を傍述する文献として『暗黒大陸　中国の真実』、『アメリカはアジアに介入するな！』（共にラルフ・タウンゼント著、芙蓉書房出版）がある。またスティーブ・マックウィーン主演の『砲艦サンパブロ』（ロバート・ワイズ監督、一九六七年）もこの時代の中国の排外運動の再現に成功している映像作品ということができる。お勧めしたい映画である。

今回も芙蓉書房出版の平澤公裕氏には多大のお世話になった。感謝申し上げる次第である。

編者略歴

田中　秀雄（たなか　ひでお）

1952年福岡県生まれ。慶應義塾大学文学部卒。日本近現代史研究家。台湾研究フォーラム、日韓教育文化協議会、軍事史学会、戦略研究学会等の会員。著書『映画に見る東アジアの近代』（芙蓉書房出版）、『国士・内田良平』（共著、展転社）、『暗黒大陸中国の真実』（共訳、芙蓉書房出版）、『アメリカはアジアに介入するな！』（共訳、芙蓉書房出版）

もうひとつの南京事件《なんきんじけん》
――日本人遭難者の記録――

2006年6月27日　第1刷発行

編　者
田中《たなか》　秀雄《ひでお》

発行所
㈱芙蓉書房出版
（代表 平澤公裕）
〒113-0033東京都文京区本郷3-3-13
TEL 03-3813-4466　FAX 03-3813-4615
http://www.fuyoshobo.co.jp

組版／*Kalmia*　印刷／協友社　製本／協栄製本

ISBN4-8295-0381-5